KNOCKING
ON
GOD'S DOOR

神の扉をひらく

神の言葉を聴く生きかた
あなたの心に命を与える、

毛利英慈［著］
ラボニコンサルティング創設者・代表

現代書林

この本を私の7人の子供達と両親、
ラッケル夫婦並びに今井夫婦と友人達、
そして、まだ見ぬ友人達に捧ぐ

はじめに

聖書を読み、神の声を聴くこと——

私が人生で重きを置いてきたことです。幾度も幾度も繰り返し、神の言葉を求めました。そのたびに新しい発見があります。

聖書に書かれている聖句と自分の置かれた状況に応じて預言として神から頂く言葉。その言葉という神の愛に支えられて生きてきました。おそらくこれからの人生もそうでしょう。

「初めに言《ことば》があった。言《ことば》は神と共にあった。言《ことば》は神であった。」（ヨハネによる福音書第1章1節）

すべては「言《ことば》」から始まります。神の言葉で世界が創造され、人の言葉で友情、恋愛、争いなどが始まります。

10年ほど前から、神は「本を出版する」という思いを私の心に時折語られていました。

その間にも様々な出来事があり、タイミングを考えていたのですが、今年になって現代書林の粟國氏から連絡があり、決心をしました。

この本で私が話したいことは、私がどう生きたか、どうしたら何が起きても幸せに満足出来る人生を送れるのか、どうして神の声を聴くことが大切なのか、私達人類が直面している危機をどう回避したらよいのかということです。

神が一人ひとりに与える人生は素晴らしいし、興味深く、愛すべきものです。

時には人生が辛く、虚しく、無意味に思えることでしょう。しかし、どんなに暗雲が立ち込めていても、天のかなたには太陽が輝いているということを自分の人生で経験してきました。

本書で書かれている内容はあくまでも私が体験したことや牧師、ライフコーチとしてのカウンセリング、コーチングなどで経験したことをベースに個人の見解で書かせていただいています。また、本文中の聖句は、日本聖書教会発刊の『口語訳聖書』から引用し、引用箇所を明記しています。

皆さんが人生の悩みや困難に直面した際に、お役に立てるような本となっていることを祈ります。

２０１７年10月

毛利英慈

目次

第2章

神と人間の絆

第3章 闇に立ち向かうための「心のコア」

第4章 神とのダイアローグ

第1章

宗教に死に、信仰に生きる道

神の声を聴く

私は神戸で企業や組織のコンサルティングや個人のコーチングをしています。そして、聖書を教えるクラスを受け持つ牧師であり、神の声に耳を傾ける預言者でもあります。そのように自己紹介すると、みなさんはどんな印象を持たれるでしょうか。「コンサルタント」と聞くと、ビジネスマンを思い浮かべるでしょう。「牧師」と聞くと、信仰を持って聖書を読んでいる宗教関係の人だと思うでしょう。「預言者」であると聞くと、馴染みの無い方にはイメージすることすら難しいかもしれません。あるいは、旧約聖書に出てくるようなカリスマ的存在で、国や人類の運命を変える啓示を受ける人を想像するかもしれません。

しかし私は前述の3つのどれにも当てはまりません。「ライフコーチ」という呼称が一番しっくりくるかもしれません。

第1章
宗教に死に、信仰に生きる道

ビジネスとしてコンサルティングやコーチングをしていますが、いわゆるビジネスコンサルタントではありません。生きていくうえで大切な「心のコア」をつくるお手伝いをしています。もちろんビジネスシーンにも関係することですが、クライアントとの心の距離は流動的です。その人の大切な人生についてお話しするということですからね。

また、信仰を持ち聖書を読み、勉強会などをしていますが、特定のグループや組織には属さない、フリーランスの牧師です。

預言は「肉声」で啓示を受けているのでなく、心で受け取っています。自分のためにも受け取りますし、他の方々のために受け取ることもあります。それは生きていくうえでの支えであり、励ましとなる御言葉《みことば》です。天地をひっくり返すものや、暗く重苦しいものではありません。神の愛そのものなのです。

私が神への信仰を持ち始めた頃、「もし、あなたが心から神の声を聴きたいのであれば神は色々な方法で語ることが出来る」と教わりました。初めは、ちんぷんかんぷんで何が何だか分かりませんでした。どのように聞こえてくるのか見当もつきません。

祈った後、耳を澄ませてずーっと待ってみたのですが、何も聞こえてきませんでした。多分、1年近く経ってからだと思います。自分の心に言葉が浮かんだり、神が語りかけてくれているのを感じ始めました。そこから少しずつ預言として受け取り、神の語る言葉の本質を見極める努力をしてきました。

このように私は、神の言葉を信じ、実践しながら神に仕える道を歩んできました。

第1章では、私が信仰を持つにいたった経緯や今までの人生で「神と生きる」ということをことさら実感したことをお話しします。私の人生で起こった様々な出来事を語ると、みなさんに驚かれたり、「波乱万丈ですね〜!」というお言葉を頂きます。

確かに、信仰に生きる者としての私の人生はちょっとだけ変わっているかもしれません。しかし、皆さんと同じように様々なことを体験して驚いたり、傷ついたり、喜んだりしながら生きてきました。そして人生のどんな時にも神は私のそばにおられました。その時その時、どんなに助けられ、支えられてきたか分かりません。

この本は決して堅苦しいものでも怪しいものでもないので、軽い気持ちでページを開いてみてください。他人の人生や信仰にふれることで、あなたが神を感じるキッカケになるかもしれません。

神を愛するシンプルな道

私が聖書の中で感銘を受け、これが人類に対する答えだと確信した聖句があります。それは、マタイによる福音書第22章36節から書かれています。

「先生、律法の中で、どのいましめがいちばん大切なのですか？」という問いです。当時のイスラエルでは「律法」とはただ単に「法律」ではなく、聖なる書であり、生活や信仰の基準でした。

イエスは、「**『心をつくし、精神をつくし、思いをつくして、主なるあなたの神を愛せよ』。これがいちばん大切な、第一のいましめである。**」と言われました。

つまりは、「一番大切なことは神様を愛すること、そして、同様に」とイエスは言われて39節で「**第二もこれと同様である、『自分を愛するようにあなたの隣り人を愛**

せよ』」と言います。つまり、自分と周りの人達を同じように愛することが人生の中で一番大切なことだということです。

神を愛するとは、神が創られたこの地球を大切にするという意味もあります。

私は18歳から53歳まで35年間借家暮らしでしたが、2年前に28年ローンで築36年の一軒家を買いました。借家の時はただ奇麗に使うことだけを考えていました。大掛かりな修理は大家さんの責任なので無関心でしたし、古くなればここを出て、また新しい家を借りようという考えでした。

しかし、自分の家となると話は違います。家のメンテナンスは大切ですし、5年後、10年後にはどこをリフォームしなければならないのかなど考えなければなりません。そして、私の子供達にも同じようにこの家を大切にして欲しいと思うのです。ゆくゆくは子供達の家になるのですからね。

この地球は、神が私達人類や他の生命が共に育んでいくように創られた家です。

もし、心から神を愛するなら、欲望のなせるままに生きるのではなく、10年後、100年後の地球を考えた生き方をすべきではないのでしょうか。

自分を愛するように他の人を愛することで、多くの争いや戦争、紛争は無くなります。答えは簡単ですが、いつも実践が難しいのです。脳は欲望には忠実なのですが、自己犠牲には余り協力的ではありません。

でも諦めず、神・地球・人類を愛するという思いを自分の心のコアにしていけば、真に満ち足りた人生を生きることが出来ると思います。

ちょっと変わり者だった幼少期

私はごく普通の家庭で育ちました。父は公務員で後に短歌の師匠となります。母はパートで家計を支えてくれる働き者で、後に父と同じように短歌の道に入ります。

私は3人兄弟の次男として、昭和37年に生まれました。

両親は、私達3人を大切に育ててくれました。家は市街地の便利な場所にありましたが、庭には葡萄、柿、栗、桃、梅などの果物の木が植えてあり、家族で収穫するなど、環境に恵まれた家庭でした。

幸せな家庭で育ちながら、なぜか私は物心がついた時から、この世界に違和感を感じていました。幼稚園に通っていた頃、このように考えていました。

「自分はこの世界の人ではなく別世界から来たに違いない。そこに本当の自分の世界と家族があるんだ。いつ迎えに来てくれるのだろうか？」と。

小学生の頃は、勉強にあまり興味がなく、俗に言う「のび太人間」でした。本当に親泣かせで、三者面談では先生にボロクソ言われましたが、母はいつも私を励ましてくれました。兄と弟は勉強が良く出来、クラスでは常にトップでしたが、それを引き合いに責められることは一度もありませんでした。亡くなった今でも、私は母に感謝しています。

中学の時、このままの成績では将来何もできないと思い、勉強を始め、高校は進学校に入りました。その時、努力をすればある程度の結果は出るものだと思いました。

その頃、私は自然や環境問題の番組が好きで、地球の自然を守ることを考えていました。兄も私も生き物が好きで、カブトムシやクワガタから始まりフンコロガシ、ウサギやハムスター、挙句の果てには蛇まで飼いました。実際に、私が小中学生の時は光化学スモッグ問題があり、警報が鳴ると生徒達は校庭に出られないほど深刻でした。「公害」という言葉が、メディアでも頻繁に取り上げられるようになったのがこの時期だったと思います。

また、米ソの冷戦中で核戦争の可能性も映画やテレビで言及されていました。皆さんは『ノストラダムスの大予言』をご存知ですか？　この時代、1999年に恐怖の大王（核戦争など）が現れ、人類は滅亡するという本がベストセラーになり、人々の恐怖を煽っていました。その時代には人類を40回滅ぼす力のある原子爆弾が地上に存在すると言われていましたが、現在は3回滅ぼす威力だと言われています。「このまま放っておけば、人類はいずれ滅びるかもしれない。私は政治家になり世界を平和に変えたい」と真剣に思い始めたのもこの頃です。

聖書との出会い

高校1年の夏休みに、私の人生を大きく変える出会いがありました。自転車で街を走っていた時、聖書の言葉が書かれたチラシを貰ったのです。

その一枚の紙が、私の人生を変えてしまいました。

一度読んだだけでは分からなかったので、何度か読み返しました。興味が湧いたので、書かれていた番号に電話をして、次の日会うことになりました。

待ち合わせ場所に来たのは19歳の青年で、熱心に聖書の話をしてくれ、「神はあなたのことを愛しています」と私に言いました。初めて会った人にそんな大それたことを言われ、どう反応していいのか分からなかったことを覚えています。でもなんだか悪い気はしませんでした。人は言葉から愛や優しさ、勇気、真理、力をもらいます。「神はあなたを愛しています」。その言葉が私の人生の転換点になりました。

そして、確かに聖書にそう書かれているのです。

「神はそのひとり子を賜ったほどにこの世を愛してくださった。」（ヨハネによる福音書第3章16節）。

その聖句がきっかけで、聖書に強い関心を持ちました。

まず疑問だったのが、「仮に神が存在しているとしても何十億という人類の中で、私という一人の人間を認識出来るのだろうか？」「私のような若造に興味を持っているのであろうか？」。その答えは聖書に書いてありました。

「またあなたがたの頭の毛までも、みな数えられている。」（マタイによる福音書第10章30節）。

「なんと神は私達人間を大切に思ってくれているのだな」と思いました。

その出来事があってからというもの、私は夏休みの間、一生懸命聖書を学んで洗礼も受け、学校が始まる9月にはもう聖書を教えていました。今からちょうど40年前になります。

なぜそこまで聖書が心の中に入って来たのでしょうか。多分それは聖書を宗教本として読んだのではなく、人生や世界の抱える問題の答えが書いてあると思い、聖書の中にその答えを探したからだと思います。

修行で得た神の奇跡

私は高校を卒業後大学には行かず、両親の反対を押し切って名古屋の家庭教会で宣教師や牧師になるための勉強をしました。私が初めに関わった団体は、若い宣教師達が中心となって活動していて、とても活気にあふれていましたが、少々未熟で無鉄砲なところもありました。

勉強を始めて最初の3年間で神学コースを学びました。また、宣教師や牧師になるのに必要な信仰を養い、聖書を教えるために必要な知識、神やイエス・キリストへの愛、そしてこの世の人々への愛を学びました。また、預言、経済学、世界情勢、歴史、人間関係、栄養学、心理学など色々なことを学びました。

第1章
宗教に死に、信仰に生きる道

一番試されたのは、「信仰による旅」でした。ふたりチームで神の導きを求め、導かれた場所にヒッチハイクで行きます。当然、お金も無く行くのです。食べ物と泊まる所は、その街の人と知り合いになり、聖書の話をして、気に入ってもらえれば、恵んでいただくというものでした。少し仏教の「托鉢《たくはつ》」に似ているかもしれません。時には夜中まで泊まる所や食べるものが無かった時もあります。でも、その厳しさのお陰で色々な人と出会い、人々の優しさや厳しさを知ることが出来ました。それは同時に、神の優しさと厳しさを知る修行でもあったと思います。このやり方は、ほとんどの教会ではしていません。これはイエスが弟子達に修行としてやらせたことを実践したにすぎません。

イエスは「信仰による旅」について「**旅のために何も携えるな。つえも袋もパンも銭も持たず、また下着も二枚は持つな。**」（**ルカによる福音書第9章3節**）という言葉を残しています。

もちろん、これを読んでいる人には絶対にお勧めしません。最近は犯罪も多様化していますし、40年前でも危険でした。無事であったのは神の恵みがあったからだと思います。

中国での宣教師時代

3年間の修行と勉強が終わり、神が私の心に「中国に行く」という思いを置かれました。当時の中国は「文化大革命」が終わり、開放政策に移行している最中でしたので、世界中の宣教師が関心を示していました。キリスト教に対しては、表向きは許可していましたが、当局に監視されたり、拘束されたり、強制送還されることもあり、どこの宗派も細心の注意を払っていました。

当時、私の所属していた団体では、中国に行くためには教会からのバックアップが必要で、経験を積んだ牧師や牧師経験者からの推薦や認可が必要になりました。当時、21歳になりたての私は年齢と経験、資金不足で不適格だと思われ、誰一人支持してくれる人はいませんでした。でも、私は諦めず申請を出し続けました。

今考えればなぜそこまでしたのか分かりません。ただ、そのぐらい強い思いを神が私に入れられたのだと思います。私は、横浜や東京の牧師を尋ねたのですが、やはり誰も支持してくれませんでした。そこで、浜松に小さいアパートを借りて、そこを拠点に何の当てもなく中国に行く準備を始めました。孤独な思いにさいなまれながら、3ヵ月浜松で伝導活動をしていました。

その時、静岡で団体内のアジアの宣教師の会議があり、そこに参加しました。会場についた時、会議の主催者であるオーストラリア人のK氏が私を見て、「あなたは毛利さんですよね?」と話しかけてくれました。私はとてもビックリしてしまいました。なぜなら彼女とは初対面だったからです。私は彼女宛てに中国行きの申請書を送ったことがあったのですが、一度も写真を送ったこともなく、その返事も貰っていませんでした。

すると、彼女は「神が私に今語ったのです。そして、例外的に中国に行く許可をするようにと言われました。おめでとう! 頑張ってね」と言ってハグをしてくれました。私は嬉しかった半面、拍子抜けしました。目の前にあった巨大な壁が彼女の言葉で一瞬のうちに消えてしまったわけです。

神の一言と言った方が良いでしょうか？　当初、周りの人は誰も信じてくれませんでしたが、正式な書面が来た時は驚いて祝福してくれました。私は1年間、この許可書を貰うために苦労してきました。本来は最低3人の宣教師からの推薦状、100万円以上の資金が必要でしたが、私はどれも持っていなかったのです。しかし、神が動かれる時は常にこんなものです。私達が頭で思っている障害や困難を神は一瞬のうちに消すことが出来るのです。

言い方を変えれば、人は常識や過去の事例にこだわり過ぎて、目の前にある可能性が見えずにいるのだと思います。でも、神にはあらゆる可能性が見えているので、祈りながら、神から御声《みこえ》を聴く時にはまったく違う景色が目の前に広がるのです。

それが祈りと預言の力です。それからはとんとん拍子でした。有難いことに両親が留学資金を援助してくれて、残りの足りない金額も色々な人がカンパしてくれたのです。今でも本当に感謝しています。

私は初めに語学留学生として北京に2年、大学の日本語講師として1年成都に行きました。いまから34年前の中国は北京の中心にも馬車が走り、すごい数の自転車が行き交っていて、空は青く澄み渡っていました。人々は共産主義国家を誇りに思い、お金に対する執着心をそれほど強く持っていないようでした。少なくとも表面的には。

私は中国語を学び日本語を教え、その傍らに聖書の話をしました。その時の私は、一人の宣教師としての思いと聖書のことを知らない中国の人に神の愛を伝えたいという一心だったので、彼らが抱いている「反日」感情を感じたことはありませんでした。そんな私を人々は受け入れてくれたのです。いま考えれば奇跡のような話で、人々は涙を流して祈り、信仰を共にしてくれました。その頃、前妻と出会いました。彼女は中国の高校の教師をしていて、聖書の勉強会で知り合い、翌年結婚しました。私達は多くの中国人に聖書を教え、家庭集会をして回りました。

当時、中国ではやっと10年ちょっと続いた「文化大革命」が終わり、人々が少しずつ安心して暮らせる生活が戻って来た時でした。文化大革命時には、多くの知識人や地主らが投獄され、死や自殺に追いやられました。その数、死者だけでも40万から1000万と言われ、約1億人が迫害の対象者になったと言われています。国民全員が政府からのスパイのような状況で、少しでも変わった言動をすれば当局に通報され、監視対象になったようです。私が行った頃の中国も、まだそのような体制が残っていましたが、人々は心を開いてくれるとその当時の話をしてくれました。

その中でも、北京のSさんは壮絶な経験をして心に大きなトラウマがありました。彼の場合、すでに文化大革命自体は終わっていたのですが、その余波の犠牲になったようです。私が会った時の彼は、生きるための目的を探していました。彼の母親は日本語を話せたので、彼自身も片言の日本語を話しました。秘密警察の仕事をしていた彼は、私と出会う2年前にある事件に巻き込まれ、不当に2年間刑務所に入れられたのです。約10畳の部屋に10人以上押し込められ、騒ぐと電流棒で叩かれたそうです。多くの受刑者が精神疾患になり、亡くなった人もいたと言っていました。

初めの頃、彼は無表情で無口でした。当時、まだ22歳の私はただ彼の話を聞き、一緒に涙を流し、祈るのが精一杯でした。彼は私の聖書のクラスに参加するようになり、徐々に片言の日本語で会話をするようになりました。

人は生きる希望さえ失わなければ前に進むことが出来ます。彼だけでなく、その頃の多くの中国人が心に傷を負っていたのです。半年後、彼に笑顔が戻り幸せそうに話をすることが出来るようになりました。彼の家族や友人の愛、信仰がその時の彼を救ったのだと思います。

その当時の中国では、外国人の居住地は厳しく制限されていて一般の中国人の居住地では生活出来ませんでした。そのため、妻と一緒に暮らすのは至難の業でした。初めは妻の知人の家の一部屋を間借りしたのですが、1ヵ月で近所の人に通報されてしまいました。たまたま私達が散歩に出ている間に公安が来たので、問題にならずに私だけそこから出ることが出来ました。数ヵ月後、四川の大学で日本語講師の仕事をすることになり、そこで初めて正式に家族で暮らすことが出来ました。四川に住んで3年が経った頃から、聖書を教えることへの規制が厳しくなり、私は前の妻と2人の子供を連れて日本に帰りました。

フリーの牧師としての生活

それから約10年、プロテスタント系の小さなグループに所属し、家庭教会の牧師を各地でしました。

世界には約26億人のクリスチャンがいると言われています。凄い数ですよね！　人間の3人に1人がクリスチャンということです。

同じキリスト教でも教義、聖書の解釈がまちまちです。

大きく分けると、総本山があるカトリックと正教会、プロテスタントなどが有名ですね。一説によるとキリスト教全体では宗派は約3000ほどあると言われています。でも、これはキリスト教だけでなく、大きな宗教になればなるほど、それに比例して宗派が分かれていくようです。

カトリックはローマ法皇と呼ばれる方が頂点にいて、まあ国際的な大企業のようなので、法皇は差しずめ会社のCEOになります。聖典は聖書と聖伝で、祭司を神父と言い、彼らの結婚は禁じられています。カトリックの中でも様々な宗派がありますが、基本的には法皇や法王庁の統率下にあります。

それに対して、プロテスタントはそれぞれが完全に独立した中小企業のようなもので、総称でプロテスタントと言われています。元々、名前の由来は「カトリック」教義に抗議する者の意味で「プロテスタント」なのです。教義など統一されたものはなく、極端な話をすると、新しい宗派を作ると、「プロテスタント」ということが出来ます。聖典は聖書だけになり、祭司を牧師といい、牧師は結婚が出来ます。因みに、当時私がいたのはプロテスタントの中でも小さく、フリーランスの超教派の牧師の集まりのグループでした。

私は求められる場所に家族で赴き、兵庫、京都、鹿児島、福岡、岐阜、大阪で聖書を教えました。自分の人生で合計27回の引っ越しをしてきました。日本に帰国して、5人の子供が生まれ、全部で7人の尊い子供達に恵まれました。海外から短期で宣教師が来て家に滞在するので、日本にいながら色々な国の人達と交流し、聖書のクラスを担当しました。

一時、私は小規模な「インターナショナルスクール」を作りました。幼稚園から小学生までが対象で、外国から来た宣教師の子供達と私の子供達のクラスです。そのため、私の3人の上の子供達は母国語が英語になってしまいました。日本語に直そうとしたのですが、正直難しかった部分もあります。後でやり過ぎてしまったことを子供達に謝りました。

しかし私達は、言葉や国民性を超えて分かり合うことが出来るのだということも学びました。私が会った中で一番陽気な人種はギリシャ人でした。ラテン系の人も明るいのですが、ギリシャ人は昼間から歌い、踊り、笑っていました。彼らとは、大阪の吹田で1年共に過ごしましたが、大変な状況になっても、共に笑って乗り越えることが出来ました。人は困難な時にこそ陽気でいることが大切なんだな、とこの時に改めて教えてもらった気がします。

阪神・淡路大震災で気づかされたこと

皆さんもご存知のように、21年前に「阪神・淡路大震災」が起きました。私はその時大阪に住んでいたのですが、震災の3日前に神戸の三宮で聖書を教えていました。朝方、大きな揺れがありましたが、幸い大阪の自宅に被害はありませんでした。テレビを見ると、昨日いた神戸が大変なことになっていて、大きなショックを受けました。

その後すぐに日本中にいる牧師・宣教師仲間と連絡を取り、救援物資を集め、3日後には神戸市中央区でキャンプを張り、有志のボランティア達と救援活動を始めました。私は以前から、養護施設や老人ホームで慰問活動などのボランティアをしていたので、躊躇なく行動に移れたのだと思います。全国からボランティアで人々が集まり、宗教や年齢や職業、人種など関係なく様々な人がキャンプを訪れ、たくさんの被災者と食事を共にし、救援物資を配りました。

多くの方々が家族や住まい、仕事を失い、とても悲惨な状況でした。でも、うまく説明は出来ないのですが、人はどんな悲惨な状況に遭遇しても、生きるための希望や力を探し出すことも可能なのだと思いました。ボランティアの人達と被災者が色々な考えを出し合い、協力し、無料の簡易シャワー、床屋、整体などをキャンプ内に作りました。

しかし、約3週間が過ぎた頃から状況は変わっていきました。神戸市が救援活動を組織する機能を回復してきたのです。被災者の方々もこれからの生活に対して真剣に取り組み始めなければならず、ボランティアの人達にもだいぶ疲れが見えてきたので、行政と協力して残る人達と、一旦帰る人達に別れました。

私自身は自分の役目は終わったと感じ、大阪に帰りました。神戸ではまだライフラインが完全には復旧しておらず、地域によっては水道や電気、ガスなどがまだ来ていないため、多くの人が不便な生活を強いられていました。

しかし、たった20㎞弱離れた大阪では、何の不自由もなく生活しているのを見たときに大きなショックを受けました。いつでもお風呂や食事にありつける現実に、喜びを隠せない自分自身の無力さをしみじみと感じ、理由のない憤りと言い表せない気持ちになりました。

その時、なぜか涙が溢れてきたのです。私が神戸でボランティア活動をしていた間、当然ながら宗教活動は一切しませんでした。多くの被災者は家や家族を失い、心が傷ついていました。また、ボランティアに来てくれた人達の中には問題を抱えていた人もいて、悩み相談を聞いたり、共に泣いたり、励まし合ったりして、心が洗われる気持ちでした。人々が生活の糧を失った時に必要なものは、食べる物と寝るところです。人としての尊厳を失っている状態で聞く説教ほど煩わしいものはないと思います。どんなに素晴らしい話であってもです。信仰とは自分の信じることに生きる中にあり、説教の中にあるものではないと思います。

この経験で私の何かが変わり始めました。

宗教という枠組みの中で生きていてよいのか？　信仰とは何なのか？　自分の子供達への父としての責任をどう果たしたらいいのか？　私は祈りの時間を取りました。

その時、神はこのように私に語ってくれました。

「心を静め、私を見なさい。私は特定の宗教団体にいるのではなく、全地に、いや全宇宙に満ちている。色眼鏡で物事を見てはいけない。あなたがたが見えるという自惚れを捨てる時に真理を見極める心が与えられる。」

この預言を貰った時、自分の中で起きている疑念が少しずつ確信に変わり始めました。自分が今まで信じて来た組織やキリスト教の在り方は私にとって大切なものでしたが、今の自分には考え、祈るための時間が必要だと思いました。また、それまでは大阪市西区にビルを借り熱心に活動をしていたのですが、子供達の生活環境も考え33歳で緑豊かな兵庫県の川西市に移り住みました。川西に移ってからも細々ではありますが、聖書を教え、子育てをし、副業として結婚式の司式をして家族を支えていきました。それから3年が経った頃、初めて壁にぶち当たりました。

困難の向こう側にあるもの

皆さんと同じように、私も人生の中で何度も困難な状態に遭遇しました。中国で公安警察に追っかけられたこともあります。

でも、「諦めない心」があれば、極限状態や困難な状況の向こう側には必ず「希望」があります。物事が順風満帆の時に希望は必要ありません。困難な時にこそ「希望」を見出してそれを摑むのです。

結婚式の司式の仕事は、7人の子供達を育てるにはとても良い副業に思えました。1回の式は約30分で終わり、お礼の金額も良かったからです。多い時は1日10件の式の依頼もありました。その頃の私は、とにかく子供達を養うのに必死でした。頂く依頼はすべて断らず受けていました。3年もすると、副業のはずが依頼が増えてきて、ほとんどの時間を結婚式のために割いていました。

そんなある日、物事は起こるべくして起きます。そして多くの場合、それは突然やって来ます。結婚式の最中、声が出なくなったのです。それだけではなく、目が回り始め、立っていることもままならなくなり、辛うじてその式を終えました。

原因は「自律神経失調症」でした。「まさか、自分が?」。正直なリアクションでした。

「牧師で多くの人の相談を受け、病んでいる人のためにお祈りをし、幾多の困難を乗り越えてきたこの自分が……。神はどうしてこんな仕打ちをされるのだろう? 家族をどうしたら養うことが出来るのだろうか?」などと思えて仕方がありません。

1週間待ったのですが、病状は良くなりませんでした。その頃はほとんどの収入を司式から得ていたのですが、大切な結婚式を台無しにする訳にはいきません。そこで祈りの時間を持ちました。その時、神はこのように語られたのです。

「あなたは何をしに川西に来たのだろうか? 私はあなたの霊の領域、つまり命のコアに触れた。私はあなたから何かを取り上げるのではなく、より良いものを与える。このしばらくの困難は素晴らしい展開をもたらすであろう。信頼し私の導きを待ちなさい。」

光が見える時

預言を貰った後、自分が川西に来た意味を見失っていたことに気が付きました。でも、自分の生活の糧を手放す決心は簡単ではありません。実を言うと、神は私が病気になる半年前に預言でこのようなことを言われていました。

「**私はあなたに変化をもたらし、あなたは新しいことをするようになる。それはあなたに命を与え、希望を与え、将来を与えるものである。**」

その時は、「ああ、素晴らしい励ましの言葉」と軽く思っただけでした。これが私達人間と神の見方の違いだと思います。

私は不安でしたが、神が言う「より良いもの」を得るために、今あるものを手放す決心をしました。司式は知り合いの牧師にすべて譲りました。すると1ヵ月後には、声が出るようになり、目眩《めまい》も治まりました。気持ちは晴れればれとし、神へ感謝の祈りをささげることが出来ましたが、その代わりに貯金は無くなりました（笑）。

聖書にこのような言葉があります。

「それだけではなく、患難をも喜んでいる。なぜなら、患難は忍耐を生み出し、忍耐は錬達を生み出し、錬達は希望を生み出すことを、知っているからである。そして、希望は失望に終ることはない。」（ローマ人への手紙第5章3節〜5節）

私達は人生で様々な患難を経験します。でも、患難を喜ぶ人はほとんどいません。辛く苦しいことだからです。でも、患難は私達に耐えることを教えてくれます。それが忍耐です。でも、辛い。だからこそ、そこから脱出しようと思うのです。その状態から脱出するため努力することで、物事や人生に対して練達した動きや働きが出来るようになるのです。それを手にすることが人生の希望になるのだと思います。

ゼロからの出発

司式を辞めてからの生活は、とてもチャレンジに満ちたものでした。大阪から川西に引っ越した頃から、聖書を学びに来る人の数は減っていて、結婚式を優先してからはわずかな人が時々来るだけになっていました。生活のあてがなく、7人の子供達を見るととても不安になりました。仕事を探すことも考えたのですが、それでは司式を辞めた意味がなくなります。

「信仰によって生きる」ことのみで神は私達を養ってくれるのだろうか？　とも考えました。二十歳前後の時に修行の一つとして仏教で言う「托鉢《たくはつ》」のようなことをしました。お金を持たず、ヒッチハイクをし、訪れた町々で聖書の教えを説き、食事を恵んでもらい、泊まるところを与えてもらう。夜遅くまで泊まるところがなかった時もありますが、最後は必ず見つかったものです。

「でも、今は違う、私には7人の子供達と妻がいるし、家賃も払わないといけない」と心の中で不安や葛藤と闘いました。これをどう払拭し、神を信頼し、自分の天命を見出すことに心を注ぐことが出来るのか。答えは簡単です。それを実践する決心をするかどうかなのです。私は祈りから始めました。

祈りの価値

祈りではお腹が満たされない。果たしてそうなのでしょうか？　司式の仕事を辞めて1年くらいした時にこのような経験をしました。

現金がとうとう底をつき、3000円しか無くなってしまったことがありました。聖書を学びに来られる人は徐々に増えてきたのですが、生活は本当に大変でした。しかし、祈りや子供達と過ごす時間も増え、とても価値のある時期だったと思います。その時、家族で祈ろうと思いました。皆を集め、テーブルに3000円を置いて、手を置いて祈ったのです。

「このお金が何十倍にもなり、家賃が払えるようになり、子供達の服が買えるようになりますように」。私達に悲壮感は無く、むしろ神様がどのような奇跡をされるのかとても楽しみでした。

奇跡は起こりました。予想もしない形や方法でお金が入ってきたのです。常に祈りがお金やパンになるとは言いません。でも、私の経験上、祈りには「人知では計り知ることの出来ない力」があり、何度も危機的な状況から救われています。

祈りは信仰の違いを超える

ちょうどこの頃、大阪で不動産業を営んでいるH氏との出会いがありました。彼は聖書には興味がなかったのですが、私が神から頂く預言には興味を持っていました。後で知ったのですが、彼は「退行催眠」など霊的なものにも関心を抱いていました。

また、預言にどれだけ信憑性があるのか知りたかったのだと思います。この頃の日本はバブルの崩壊があり、不景気な時代でした。その影響で彼は多額の借金を背負っていましたが、逃げずに向き合っていました。

また、彼は京都大学で教授をしていた森信三氏の「全一学」という哲学を真剣に学んでいました。

彼と2度目にあった時に聖書のクラスをしたのですが、彼は私に「聖書の話はもう聞きたくない」と言ってきました。正直気分の良いものではなく、これで終わりだなと思っていました。その翌朝、私はH氏のことを神に聞きました。司式を辞めてから一日を始めるに際して、神の導きを求めるための祈りと預言の時間を取っていました。仕事をしていなかったので、スケジュールの半分は白紙だったからです。

「私には2艘の船が見える。これから先、流れが速くなり荒くなるであろう。あなたがたは2艘の船をジョイントさせ安定させなさい。また、それぞれの荷物を移し替えお互いから学び合いなさい。今回はH氏に船頭を任せ、あなたは預言者としていなさい。」という預言でした。

正直気の進まない話でした。「そもそもなぜ彼が船頭なのか？　荷を積み替えるという事は私が彼から哲学を学ぶことになるのではないか？」。しかし、私は神が言われた「より良い展開」を見るため、この預言を受け入れることにしました。

翌週、私はH氏に会いに大阪に行き、この預言を手渡しました。彼は笑顔で「神は毛利さんに語られましたね」と言いました。

それから私達は、毎週金曜日の夜に「哲学と預言の勉強会」を十数年間続けました。1回の参加人数は5人から10人くらいの勉強会です。経営者から主婦まで多様な人が来て、実直な意見や考え方を話し合いました。哲学は、神と人生を様々な手法で分析し、理解するものでした。キリスト教や宗教の話になると、多くの意見が出され、否定的なものや批判的なことも言われます。聞いていてあまり心地良いものではありません。初めは自分が責められたり、否定されているように感じました。しかし、冷静に聞くと皆さんは決して神や聖書が嫌いなのではなく、それに付随している「宗教」そのものに嫌悪感や疑念を持っていることに気が付きました。その証拠に勉強会の最後、「参加者の一人ひとりに預言をしてください」とH氏が私に言い、皆さんは神が語る言葉を書き留め、大切にしてくれていました。中には涙する人もいて、後日感謝の手紙を受け取ったこともあったのです。

同じ価値観を持った人達に囲まれると、安心感を持ちます。それはそれで居心地が良く、大切な場所です。心が通い合うことの出来る仲間に囲まれるわけですから。でも、時にはまったく違った価値観の中に自分自身を置くと、今まで見られなかった角度で人生や生き方を発見出来ると思います。

さて、H氏はとても個性豊かで何でも全力で取り組む人でした。

また、H氏は有志の友人らと集い、月に1回大阪の西成区にあるあいりん地区でカレーライスの炊き出しをしていました。その頃のあいりん地区は、不景気で多くの日雇い労働者の方がホームレスになり、大変な生活を余儀なくされていました。

私達は皆でカレーを作り、炊いたご飯を持ち寄り約1000食分作っていました。私の上の子供達は中学生や小学校の高学年になったので私と一緒に参加していました。

1年ほど経った頃、炊き出しの待ち時間を使ってH氏を含めて参加している大人達と私の子供達が炊き出しの意義を話し合っていました。当時、子供の参加者は私の子供だけでした。中学1年になった長男がこんな発言をしました。「僕の家は家族が多いので、お米は週1回くらいしか食べられません。だから、炊き出しにお米を持ってきて大丈夫なのかなと思っていました。でも、聖書に『与えよ、そうすれば与えられる』とあります。ホームレスの人達は僕達より大変な生活をしているので、これからも頑張りたいと思います。そのためか最近は週2回くらいは食べられます」。

家に食べ物が無かったわけではありません。ただ、節約のために大量に安いジャガイモや小麦粉を買っていたのです。だから、私達家族にとってお米はぜいたく品だったのです。それを聞いて私は子供達に申し訳なさを感じ、少し涙ぐんでしまいました。それと同時に、長男の純粋な信仰に心が打たれました。

その時です。急にH氏が「イエス様に祈りましょう」と言い、みんなの前で祈り始めました。後にも先にも彼がイエス様に祈ったのを聞いたのはこれっきりです。「今から後、毛利家にお米が無くならないように、常にたくさんのお米で満たしてくださ い。アーメン!」。

あの日を境に、神はどこからともなくお米を供給してくださり、ほぼ毎日のようにお米が食べられるようになったのです。心のこもった祈りに対して神は宗教や信条の枠を超えて祈りに答えてくださるのだと心から思いました。

左頬も差し出す決断

川西に住んで10年になった頃、今から約12年前、ある揉め事が起きました。

事の発端は入居当時から続く雨漏りの一件でした。私達は何度も大家さんに交渉をして、雨漏りを直してくれるよう頼みました。彼はそのつど、自分で直しに来てくれるのですが、被害は徐々に酷くなり、子供達の健康にも影響が出るようになりました。私も何度も自分で直そうとしたのですが、構造上の問題があるので素人では無理でした。ある日とうとう、梅雨の前にちゃんと直すか家賃を下げてそこから修理費を出してくれるように文書で頼みました。すると大家さんは急に怒り心頭に発し、建物が危険な状態なので2ヵ月以内に退去するように通知をしてきました。私はとても理不尽に感じ、怒りさえ覚えました。どんなに生活が苦しくとも、家賃は一度も滞ったことがなく、雨漏りに10年間我慢して来たのに……。

でも、祈っていると神は聖書の言葉を示してくださいました。

「もし、だれかがあなたの右の頬を打つなら、ほかの頬をも向けてやりなさい。」（マタイによる福音書第5章39節）

私はこう感じました。「確かに理想的な素敵なイエス様の言葉だ。でも、私にも守るべき家族がいるし、権利を主張すべきではないのか？」。そんな時、不動産関係や弁護士の知人がこのようなケースの場合はある程度の引っ越し代の請求が出来るから、交渉役をすると申し出てくれました。損得を考えれば専門家に任すのが一番ですし、しかも、引っ越し代が手に入ればこんなに楽なことはない。

でも、心の中で大きな葛藤が起きました。「神が示された御言葉《みことば》とは逆のやり方になるし、今まで築いてきた自分の信仰の在り方とは違うのではないか？」。考え抜いた末、私は神から預言を受け取ることにしました。

「この変化の中に我が御手《みて》を見なさい。私は、あなたがた家族を神戸へと導くであろ

う。あなたはそこでしなくてはならないことがある。人と争わなければ、私はあなたを祝福する。人は蒔いたものを必ず刈り取るようになるからである。」

私を含め、ほとんどの人は自分本位に物事を考えます。特に自分に権利があり、力があると思うと尚更です。でも、争わないという選択をすることも出来るのです。そうすることで神の現れを自分の人生の中で見出すことは真の喜びと感謝をもたらすことを知りました。

私は大家さんに左頰も差し出す決断をしました。聖書の言葉を実践することによって何が起こるかを知りたかったのです。

ホームレスになる

退去する日が近づいてもなかなか家は見つかりませんでした。家族が多く、子供達も年頃になったことで部屋数が足りず、家賃との折り合いもつきませんでした。そこで、荷物を友人宅に分散して置かせてもらい、奇跡が起きることを祈っていました。

しかし私達の期待した奇跡は起こらず、違う形で起きたのです。

神戸の友人R氏から連絡があり、「1ヵ月ヨーロッパに旅行に行くから、自分達の家に住みなさい」と言うのです。実はこのことが起きる1年前にニュージーランド人のRさんとの出会いがありました。彼女の御主人はドイツ人で、大手企業の重役をしており、神戸の外国人用の大きな家に住んでいました。彼らは時々、聖書のクラスに参加していました。初めは彼らの申し出に躊躇しましたが、背に腹は代えられません。現実として家族全員が住む家をなくしたのですから。最初の1ヵ月は快適でした。その当時この家の家賃は月100万円で、家にはお風呂が3つ、トイレが4つありました。子供達は大喜びでしたが、私は必死でした。

とうとう1ヵ月が過ぎましたが、家はまだ見つかりませんでした。家族を実家や他の知人の家に分散する手筈を整えました。

ところが、R氏が電話をかけてきて「エイジ、家が見つかるまで絶対動いては駄目！　神がそう言われたから！」と言います。家は大きかったのですが、4部屋しかなく、彼らの家族を合わせると総勢15人になりました。私達は何とその後4ヵ月も彼らと共同生活をしました。私は彼らの優しさ、愛、忍耐を一生忘れません。私達は無償で泊めて貰う代わりに食料を買い、料理をし、片づけをしました。12年経った今でも私達は親友であり、家族同様に付き合っています。

また、家を探して3ヵ月たった頃、私が所属していた小さなキリスト教のグループから通知が来ました。私が家を持たずに活動をしていたことを懸念している内容でした。確かに周りからしたら、一体何をしているのかと思ったことでしょう。私はグループから離れる決心をしました。これも、人生の肥やし、神の導きだと思ったのです。一つの道を極めようと思う時、いつまでも他の人が創ったものの中に隠れていてはいけません。変化は常に未知であり、試される時ですが、また成長の時でもあります。

この時、神は次のように預言で語りました。

「この新しい地は、まさにあなたがたにとって新しい私の扉となるであろう。私はあなたのために戸を大きく開くであろう。即ち、ここはあなたにとって本当の意味で神戸（神の戸）となるのだ。」

預言通りの家探し

彼らが帰国してから、私が必死に家を探しているのを見て、R氏は突然こんなことを言いました。「今日祈っていたら、神があなたの家は4ヵ月後に見つかると言われた。だから、無理しないで」。私は苦笑いして、「そんなことはない、早く見つけて出ていくから」と答えました。彼らの優しさは驚くほど素晴らしく、本当に感謝していました。でも、同時に迷惑をかけていることへの罪悪感も大きかったのです。家を見つけるのになぜこんなに苦労したのかというと、預言で「新しい場所は芦屋または神戸の東灘付近」と貰っていたからです。その地域は家賃が高く審査も厳しいため、なかなか一筋縄にはいきませんでした。

「私はすでに家を用意している。時が来るまで忍耐をして祈り続けなさい。お前が探してはいけない。そうでないと違う家を見つけてしまうから。お前以外の者が家を見つけるであろう。」とも神から言われていました。

初めの2ヵ月は周りの人に預言を伝え、紹介される家を見に行っていましたが、もうなりふり構っている場合ではありません。物件を探す範囲を大阪の方まで伸ばし、私は自ら探し始めました。家は見つかるのですが審査の段階で、子供が多すぎることや現在ホームレスである理由などで駄目になり、とうとう4ヵ月が経ってしまったのです。

そんなある日の朝、R氏は「エイジ、今日私があなたの家を見つけるから、あなたは大阪に聖書のクラスを教えに行ってきて」と言いました。私は冗談だと思い、笑いながら、「僕や友人の不動産屋が5ヵ月必死に探して見つからないのに、あなたはたった1日で探すことが出来るの？　それこそ神の奇跡だね！」と返事をしました。ところが、その日のお昼頃R氏から電話がありました。

「家見つかったよ！　見に来て！」。その家は芦屋に近い東灘区の家で床面積が210㎡もあり4LSDKでした。家賃も敷金も大幅に下げてくれ、子供が7人いることも、現在家がないことも、牧師であることも全部了解済みでした。因みにR氏は若い時に不動産会社の社長の秘書を何年もしていて、日本語も話せます。

そして驚いたことに、この家は私の友人M氏が経営している不動産会社の管理物件で1年以上も空き家だったのです。私は周りに7LDKと言っていたので、部屋数が足りないと思って紹介をしなかったのだと言われました。

1週間後、私達は家族全員で新しい家に住んでいました。やはり、誰にも遠慮せずに過ごせる我が家は最高でした。しかし、家があることに慣れてしまった私達にとってあの5ヵ月間はとても貴重な経験でした。

私達家族は、今でもR氏家族全員の愛と忍耐に感謝しています。

子育てと離婚

私達家族は約4ヵ月の居候生活の後、やっと新しい家を手に入れました。

しかし、子供達の成長は私達の都合とは関係なく進んでいきます。

子育ては一瞬一瞬を楽しまないと後悔します。子供は神からのプレゼントだからです。まず、長女が急に結婚すると言ってきました。その時娘はまだ21歳で相手はトルコ人です。どう見ても歳は私の方に近いし、トルコの戸籍は当てにならないから年齢不詳だと言います。そしてイスラム教徒でもありました。反対しても結婚すると言われたので、不安を感じながらも2人を祝福しました。今では子供も授かり、家族仲良く暮らしています。長男と次男は東京で自分を試したいと言い、家が見つかって数ヵ月で出て行きました。結局部屋は4つで十分だったのです。

長男は東京で英会話スクールのジェネラルマネージャーをしていて、次男はスペインで翻訳の仕事をしています。次女は5年前に近くにマンションを借り事務の仕事をしていて、三女はイギリス留学の後、大学を卒業して東京の会社に昨年就職しました。三男は今年芸大を出てコンピューター関連の仕事を見つけ、家から通っています。四男は大学4年生で半年間海外ボランティアに行くため、バイトに明け暮れています。

妻とは6年前に離婚しました。それ以来、私はシングルファーザーとして残りの子供達を育ててきました。7人の子供を産んでくれた妻は育児、家事に疲れ、10年前から彼女のしたいことをしていました。その間、色々な話し合いをし、子供達とも相談をして、離婚という結論に至りました。今では近くのマンションで一人暮らしをしています。

私達家族は前妻を含め、私の家で年に2回食事会をします。イスラム教徒の長女家族には豚を使わない料理、前妻は肉を食べないので魚料理を、私と東京から帰ってくる三女とで料理を作ります。離婚してからは一度も家族内で喧嘩が起きません。以前もそれほどあったわけではありませんが、大家族なので小さな喧嘩はありました。しかし、つらい経験を通して私達家族はお互いを労り、愛を持つことを学んだのだと思います。

形がどうなろうと家族は家族です。私は離婚を決して正当化しませんし、私の力不足であったと思います。でも、家族の形がどう変わっても、子供達がいつでも父親や母親に会える権利を持ち、受け入れられていると感じられることが大切だと思います。

一粒の麦

団体から離れ、他の教団にもいかないという決断は勇気のいることでした。自分の後ろ盾や肩書を失うことになるからです。今までの自分に死に、新しい自分を生きるわけです。自分が最終的にどのような形になるのか分からずに進んでいきました。

これを機会に宗教という視点から離れ、新しい角度で人生を見つめようと決心しました。そこで、自分が今まで学んできた聖書・預言・哲学・心理学・脳科学を元に、独自のコンサルティング・カウンセリング・コーチングを作り始めました。きっかけになったのは、友人のM氏からの依頼でした。彼は関西で不動産会社を経営しており、彼や社員の相談者として呼んでもらいました。これを皮切りに徐々に色々な会社、治療院、個人から依頼を受けるようになりました。

聖書にこのような言葉があります。

「一粒の麦が地に落ちて死ななければ、それはただ一粒のままである。しかし、もし死んだなら、豊かに実を結ぶようになる。」（ヨハネによる福音書第12章24節）

このたとえは、もし、麦が麦であることに執着をし、変化は嫌だからこのままでいようと思うと、当然一粒の麦のままです。でも、一粒の麦であることを諦め、行きたくなかった土の中に入る決心をすると、麦から芽が出てきて苗になります。もう、麦の原形はとどめていません。そして、穂が出てやがてたくさんの麦の粒がなります。それと同じように、もし、今までのやり方や自分の肩書に執着するのをやめるなら、より多くの実、つまり結果を出すことが出来るかもしれないという意味です。

古い自分に死に、過去の栄光や過去の幸せにしがみつかない自分を作ることが、常に幸せな人生を生きるコツだと思います。私は宗教に死に、信仰に生きたのです。

ラボニコンサルティングの設立

私は牧師を辞めたわけではありません。そもそも、「牧師」とはどのような意味なのでしょうか？　元々「牧師」は英語で「pastor」という言葉で、由来はラテン語の「羊飼い」から来ています。「羊飼い？」と思われる方は多いと思いますが、新約聖書を読むと、イエスがご自身を時々羊飼いにたとえられています。

「よい羊飼いは羊の為に命を捨てる」（ヨハネによる福音書第10章11節）。

羊を狼の危険から守り、養い、育てる。羊とは私達の周りにいる人々なのです。私達の事務所に来られる人々に「あなたも良い羊飼いになってください」と言います。もし、あなたに子供達、家族、部下や後輩達がいるのなら、あなたもすでに羊飼いの一人なのです。羊は弱く、あなたの励ましや守りを必要とします。他を守り、教え、輝かせることが羊飼いの仕事です。つまり、守るべき人が一人でもいるのなら、あなたは羊飼いであり、牧師なのです。

私達の事務所には、毎日色々な方が来られます。経営者、治療家、主婦、公務員、教師、トレーナー、OLさんなど様々な方が学びに来られます。ある方はコンサルティングを、また他の方はコーチング・カウンセリング、またはバイブルクラスや預言を受けに様々な思いで来られています。

私達はラボニコンサルティング独自の手法で、それぞれのニーズに合わせて教えたり、支えたりしています。コンサルタントやカウンセラーである以上、羊飼いであるという思いで天命を全うしていきたいと思います。

「ラボニ」とは古代ヘブル語の「教師や師匠に対する最大級の敬愛を表す敬称」の言葉です。

ヨハネの福音書では、マグダラのマリヤが、復活されたイエスに「ラボニ」と呼び掛けています。偉大なる師であるイエスに対して敬愛の思いを込め、また教える側にある私達もその御足元に近く歩んでいきたい、という思いで「ラボニ」という言葉を頂きました。

また、今のラボニコンサルティングの形になるには、今井氏の大きな貢献がありました。彼女との出会いは約12年前になります。私はその当時、心理カウンセラーを対象に聖書のクラスをしていました。心理学だけでは不十分と感じていた熱心な心理カウンセラー達が参加し、宗教としての聖書ではなく真理や信仰を学ぶためのグループでした。学びの中で彼女は、カウンセラーとしてだけでなく、聖書や信仰に触れることで羊飼いとして大きく成長していきました。そして、6年前にラボニコンサルティングに転職して、今では私と共に多くの人にコーチング、カウンセリング、セミナー、預言をして活躍してくれています。

良き人生のための心のコア作り

さて、人生の真の成功者になるため、生き生きとした幸せな人生を生きるためには何が必要でしょうか？　お金や肩書でしょうか？　皆さんはどう思いますか？

私達は「心のコア」を作ることだと思っています。しっかりとした「心のコア」を作らないと、たとえ成功しても、欲しいものを手にしても、真の幸せにはなれないものだと思います。

最近、著名人・政治家の方達が異性関係の問題や麻薬問題、不適切な発言などの問題行動で、せっかく手に入れた成功を一瞬のうちに失うといった報道をよく聞きます。とても、残念なことです。お金や権力、名誉はとても魅力的で、成功者の条件のように思われていますが、果たしてそうでしょうか。それを正しく使うことの出来る知性が無ければ、逆に自分の人生そのものを潰してしまうのです。

自分の人生の意味や目的を理解すると、生き方や行動が変わってきます。今を大切に丁寧に生きるのです。人生は必ず自分の蒔いたものを刈り取ります。愛を蒔けば愛を刈り取り、平和を蒔けば平和を刈り取り、争いを蒔けば争いを刈り取ります。

「**人は自分のまいたものを、刈り取ることになる。**」（**ガラテヤ人への手紙第6章7節**）。

私達が自分の役割に目覚めることを「天命」を知ると言います。天が私達に与える仕事、即ち人を助ける事です。偉業を成し遂げることだけが天命ではありません。

真の成功は自分の分を知り、「心のコア」を作ることによってもたらされたものです。いわれのないものや突然手に入れる大金は、「心のコア」が無ければ、百害あって一利なしです。本当の力は心から来るものであって、欲望から来るものではないのです。

私達は皆さんにコンサルティングやカウンセリング、コーチング、セミナーを通して「心のコア」作りをお伝えしています。詳しいことは第3章で言及させていただきます。

さて、第1章の最後になりますが、私の人生の流れを簡単に説明させてもらいました。ここまで読まれて、ただの偶然が重なった人生と思われる方も、神の奇跡かもと思われる方も、人の感じ方は様々だと思います。

私自身特別な人間でもなく、聖人君子でもありません。笑ったり、悲しんだり、喜んだり、怒ったり、人を傷つけたり、失敗もしてきました。でも、こんな私でも人生を信じ続け、諦めなければ、必ず道は開けてきました。読んでくれた皆さんが困難に直面した時に、この人でも乗り越えることが出来たのだから、私も必ず乗り越えることが出来ると思ってもらえたら幸いです。
地球が創られてからずーっと夜の明けなかった日は無いのですから。

第2章

神と人間の絆

日本人と神

人生が順風満帆な時は、神や人の助けは必要がないように感じます。神や人に頼るのは弱い人間がすることだという人がいますが、私からすると人は皆弱く儚い生き物です。ですから、この儚い人生で精一杯生きて行くために神の存在を信じることは大いにプラスになります。

皆さんは、2016年の流行語大賞を覚えていますか？　そう、「神ってる」です。また最近では、「神対応」という言葉もよく聞きます。

日本人にとって、神は元々身近な存在で、私達は様々な神に対して受容的な人種です。そもそも、日本には八百万《やおよろず》の神がいて、その後、仏教の神々を受け入れ、戦国時代にキリスト教も取り入れているのです。生れた時はお宮参りをするので神道、結婚式はキリスト教、葬式は仏教と言われるくらい様々な神に対してオープンです。そして、これには日本人の「お祭り好き・イベント好き」な面もあるのかもしれません。そして、皆さんもご存知だと思いますが「お祭り」の意味は感謝や祈りを神仏に捧げる（お祀り）ための行事です。

私達は季節のイベントを通して、様々な神と知らず知らずのうちに関わりを持っているのです。初詣、バレンタインデー、イースター、夏祭り、お盆、ハロウィン、クリスマスなどです。それらの神々の中には、天使や堕天使もいますし、菅原道真のように神道によって人間が学問の神になったり、インドの神々が名前を変えて来たり、狐を神として敬うお稲荷さんもいます。霊の世界または神の世界（高次元の世界）にもたくさんの霊的な存在がいて、関わり合いを持つ前にはある程度の知識があると助けになります。

しかし、多くの日本人は神々との関わり合いにはナイーブな所があるかもしれません。

自分の神を選んだ青年

この世界には70億以上の人々がいるので、友達をたくさん作ることはできますが、生涯のパートナーに選べる人は1人です。自分の神を選ぶことは、生涯のパートナーを決めるのと同じようなものだと思います。

もちろん、たくさんいた方が良いと思う人もいるかもしれませんが、神々同士の相性もあったり、系列もあるので、深い付き合いは1つに絞った方が良いと思います。

今から8年前にコンサルタントの仕事でニュージーランドに行った時、自分に合った神を選ぶことの大切さを教えるような出来事が起きました。

ニュージーランドにいる私の友人の会社が成功し、従業員の数が多くなったので、コンサルティングのついでに社員教育も助けて欲しいという依頼を受けたのです。なぜ私かと言いますと、彼らが雇用した新しい社員達は元ヤンキーや元ストリートギャングで、更生プログラムの一環として雇用していたので、若者の教育にも色々と関わった経験がある人に頼みたいとのことでした。正直、この手の若者達との経験は余りなかったので少し心配でしたが、まあ、大丈夫だろうと高を括っていました。しかし、彼らに会った瞬間、帰ろうかなと思ったものです。皆背が高く、二十歳前後で想像以上の荒くれ者だったからです。私は少しビビっていて、友人に「私で大丈夫なのか？」と聞きました。友人は「エイジなら大丈夫！」と言ったのですが、全然大丈夫そうには思えません。でも、彼らを目の前にして帰るわけにはいかず、約6名の新人を1人ずつ30分から1時間の個人面談をしました。

話してみると、風貌とは裏腹に人懐っこかったり、悩みを話してくれたり、将来の希望を聞いたりと有意義な時間が流れました。

でも、最後の若者は違いました。J君は一番背が高く、イケメンで筋肉質のリーダー格でした。初めからなぜかJ君の眼には怒りと恐怖があり、部屋に入るなり、私の目の前の椅子を蹴り倒してこう言いました。

「俺にはお前の個人面談や、助けは要らない。他の奴らと一緒にするな！」

私は人生で一度も殴られたことがないのですが、いよいよ殴られる時が来たなと思ったことを忘れません。この部屋から逃げるか、J君と向き合うか、瞬時の決断でした。私は心の中でイエスに「私と彼を助けてください」と咄嗟に祈り、向き合うことを選びました。その時、私の中にあった恐れが不思議と消え去ったのです。

そして、私は「WOW」と言って軽く笑い、もし座りたくなければ立っていても良いし、僕はただ君の友達になりたいだけなんだと言いました。恐れは伝染します。ですから、相手の精神状態が普通でない時はこちらは出来るだけ平常心を保ち、相手を思いやる心を持つと、多くの場合は相手も落ち着くものです。多分、J君は私を試したのだと思います。

そこで、世間話程度の会話を始め、私の子供達の話をしました。私の長男がJ君と同じ年齢でしたので、彼は興味深そうに聞いていました。次第に落ち着きを取り戻したので、私はそろそろ終わりにしようとしたのですが、その後、J君から自分の人生を語りだしてくれたのです。

J君の母親はマオリ族と白人のハーフで、未成年の時にパーティーで色々な男性と関係を持ち、父親が誰だか分からないそうです。J君と彼の妹は幼い頃から、母親と母親の彼氏から毎日のように虐待を受けて来たそうです。J君は自分の身を守るために体を鍛え、15歳になる頃には誰も彼と妹に手を出さなくなったそうです。だからこんなにも攻撃的になり、人を見ると無意識に自己防衛本能が作動してしまうのだと思いました。私達は本当に色々なことを話しました。多分、J君には信頼出来る大人が身近にいなかったのでしょう。しばらく話をした後、相談があると言ってきました。

「〝レッド・アイ〟って知っている？　僕達兄妹は子供のころからこのレッド・アイにやられるんだ」

「？？？　お酒？」

初めは話が摑めませんでした。詳しく聞くと、その地域に出没する鬼神だそうです。そう言えば、以前悪魔は赤い目をしていると聞いたことがあります。夜寝ている時に襲ってくるそうで、私は、幻想か夢ではないのかと聞きました。特に幼い頃から虐待を受けると精神的にダメージを受け、精神疾患を患うこともあるからです。統合失調症かなとも思ったのですが、そのレッド・アイに殴られた時に痣が出来るし、ベッドが凹むと言うのです。しかも、同時に兄妹が同じものを見ているのです。今でも週3回ほど襲われ、眠ることが出来ないとJ君が泣き始めました。マオリ族の神に祈っても効力がないので、どうしたらいいのかと真剣に聞いてきました。

J君の眼の中にあった恐れはこれが原因だなと思いました。子供の頃は大人から虐待を受け、今もレッド・アイから虐待を受けている。何とかして彼らを助けたいと思い、私は創造主の神「天の父」とその御子《みこ》イエスの話をしました。J君が助けを求めていたマオリの神や他の方法では効果はなかったので、藁にもすがる気持ちだったと思います。そこで一緒に祈りたいかJ君に聞きました。彼はすぐに祈ってほしいと言ったので、一緒にお清めと救いの祈りをしました。

J君は神が自分の本当の父であることを受け入れ、とても嬉しそうでした。もう、彼の眼には怒りや恐れはありませんでした。私はJ君に「もしそのレッド・アイがまた襲ってきたら『イエス・キリストの御名《みな》によって悪霊を制する』と怒鳴りなさい。そうすれば悪霊は出ていくから」と言いました。

皆さん、悪魔の力は何だか分かりますか？　それは「恐れ」なのです。そして、恐れを取り除く一番の薬は「愛」なのです。実は以前に「エクソシスト」として悪霊を追い出した経験が何度かあり、悪霊を追い払うにはニンニクや十字架よりも「イエス・キリストの御名《みな》」によって怒鳴りつけるのが、一番効果があると知っていました。

J君は最後に「僕のお父さんになってくれる？」と聞いてきました。私は「もちろんだよ」と答え、彼は笑顔で私にハグをしてくれたのです。190センチ以上あるJ君に対して私の身長は163センチです。私の方が子供に見えたことでしょう（笑）。

どんなに大きく、強く見え、いきがっていても、愛や家族は必要です。

3ヵ月後、仕事でニュージランドに帰って来た時に、またJ君と会うことが出来ました。彼にレッド・アイについて聞いたのですが、あの後「イエス・キリストの御名《みな》で制する」と言ったら本当に出ていき、その後二度と来なくなったと元気そうに答えてくれました。そして、1年後には独立して自分の会社を作り、彼女と結婚するつもりだと幸せそうに言っていました。

J君の人生は、「創造主の神」を信じることで明るく幸せになりつつありました。

そして、彼ら兄妹は夜ゆっくりと寝ることが出来るようになったということです。

マオリ族にもたくさんの神々がいて、彼がどの神に助けを求めていたのか私には分かりません。しかし、このケースにおいては彼を助けることが出来ませんでした。

神を選ぶ時に大切なのは、自分を愛し、助けようとしてくれるかどうかです。中には利用したり、取り憑《つ》いて来たり、危害をもたらす神々もいるので注意してください。余りにも多いから面倒だし、すべてを受け入れてみようと考えるのは、無謀だと言えます。霊の世界は、物質世界よりもより高度で複雑だからです。聖書には、物質世界は霊の世界のひな型だと書かれています。私達は無知であってはいけないのです。

創造主の神

ではここで、創造主の神について話していきたいと思います。第1章で触れたように、私は15歳で洗礼を受け、生涯神に仕えると誓約しました。そして、ちょうど今年で40年になります。飽き性な私が40年前の誓約だけは守れているのは、神がとても愛情深く、魅力的な方だからだと思います。

さてここで、神がどのような存在なのかをお話ししたいと思います。間違わないでください。私は決して神を証明しようとは思っていません。現在の科学のレベルでは、神の証明も否定も出来ないからです。神ご自身が自ら証明をされます。ちょうど、私にされたように。聖書と私の経験と学びを通して知り得たことを基に書かせてもらいます。

◇1：天地創造の神

まず、旧約聖書を見ると「創世記」が一番初めにあります。

その第1章1節に、「**はじめに神は天と地とを創造された。**」とあります。

その一文で聖書の神は、天地創造の神であると分かります。今私達に見えているすべてのもの、物質も生命もまたこの無限に広がる宇宙や天使も神の創造であると書かれています。

私は存在するものがすべて偶然に出来たもので、これからも無秩序、偶然のうちに広がっていくと考えるより、知性と愛とエネルギーに満ち溢れた高度な存在が万物を創られたと考える方が安心して明日に希望が持てます。両親が愛し合って、望まれてあなたが生まれて来たと言われる方が、偶然に出来てしまったと言われるより遥かに良いでしょう。そうすると自然と力が湧いてきます。

神は物事を創造する、しかも、無から有を創り出す力を持っておられます。神の力とは創造の力です。音楽や芸術も私達の心に湧いてきて、形として現れます。私達も彼の力を有しているのです。

◇2：人は神の形をしている

創世記を読み進むとこう書かれています。

「神は自分のかたちに人を創造された。すなわち、神のかたちに創造し、男と女とに創造された。」（創世記第1章27節）

神は万物を創造し、最後に人を神に一番近い存在として創られています。その上、人を天使より上に置かれたとも書かれているのです。これは凄いことだと思います。

我々人類には自由選択権があり、良いことも悪いことも各自の意志により決断することが出来るのです。もし、正しい決断をするなら、私達には神の資質を持ち、「神の子」となることが出来ます。神は私達人間に、強制されて善い行いをするのではなく、自分の意志で正しい決断をすることを期待されているのだと思います。人生で起きることの多くは、私達の人生の積み重ねの結果なのです。神は私達を導かれ、悪魔は私達を誘惑しますが、どのような人生や生き方をするのかを決めるのは私達自身であって、神ではないのです。人類は、今の状況を神や何か他のせいにするのではなく、自分がどこで間違ったのか、どこを修正するべきなのか考えるべき時なのかもしれません。

◇3：天の父

それでは新約聖書に移りましょう。マタイの福音書第7章11節には、**「天にいますあなたがたの父」**という表現があります。事実、聖書には神を「天にいます父」と表現している箇所が多々見つけられるのです。神がお父さんであればどれほど心強いことでしょう！

それではなぜ人生にはたくさんの試練があるのでしょうか？

ヘブル人への手紙第12章7～8節にこのように書かれています。

「あなたがたは訓練として耐え忍びなさい。神はあなたがたを、子として取り扱っておられるのである。いったい、父に訓練されない子があるだろうか。だれでも受ける訓練が、あなたがたに与えられないとすれば、それこそ、あなたがたは私生子であって、ほんとうの子ではない。」

私も子供達のことを考えて、厳しくならなければならない時がありました。叱った事もたくさんありました。でも、そのたびに子供と同じぐらい親も傷つくものです。私にとっては叱ることは何よりエネルギーを使うことでした。若い頃は、未熟でとても厳しい父親でした。今は厳しかった自分に対して自責の念があり、上の子供達に何度か謝りました。しかし、子供の将来を考えると通らなければいけない橋もあったのかと思います。

私達は問題があるからこそ、成長出来ます。私のような未熟者であっても、根底には子供達への愛があります。神の恵みによって、一人ひとりの子供達と以前にも増してお互いに理解し合い、愛情があると思います。私達は天の父から愛された存在なのです。

◇4：神は愛

新約聖書のヨハネの第一の手紙第4章8節には「**神は愛である**」と書かれています。なんと素晴らしい言葉でしょう！　神は、全宇宙に満ちている「愛の霊」なのです。人は愛するために、また愛されるために生まれるのだと思います。神には明確な御計画や御意志があり、私達人類や地球を作られました。その根底にあるのが「愛」なのです。自分は神に愛されて生まれ、愛されてこの人生を生きていると信じられたら、毎日がワクワクしませんか。

皆さん、どうでしょうか？　疑問を持たれた方もたくさんおられたでしょう。なぜなら、多くの人類が神の子のように、愛の子のように振舞っていないからです。それでは次の項目の説明を聞いてみてください。

私達が負っている「原罪」とは

「原罪」――この言葉をご存知ですか？　聞いたことはあるけど、意味が分からないという方が多いと思いますので、説明させていただきます。

神が地球と人類を創られた時「エデンの園」という地上のパラダイスを作られました。人類はそこで悠久の幸せを手に入れることになっていたのですが、「サタン」に誘惑され、禁断の木の実を食べてしまったのです。

この「罪」が地球にもたらしたのが「死」で、禁断の木の実を食べたせいで、地上のあらゆる生命体のDNAが変わってしまいました。その時以来、人間の寿命は120歳までに調整されて、世界はパラダイスではなくなり、その代り病気、死、争いが入り込んだのです。

旧約聖書の創世記第6章3節で、「**わたしの霊はながく人の中にとどまらない。し**

かし、彼の年は百二十年であろう」という文章があります。

最近の科学者の研究では、人の寿命は120歳くらいだとDNAのレベルで決まっているそうです。創世記はなんと約3500年前に書かれています。これらはとても興味深いことです。

禁断の木の実は、人類に善と悪の知識をもたらしました。ですから、人は皆生まれながらにして善と悪の両方を持っているのです。この悪の部分、つまり、アダムとイブの犯した過ちは「原罪」として全人類が背負っているのです。

神の子、イエス・キリスト

創造主の御子《みこ》であるのは、みなさんご存知のイエス・キリストです。

イエス・キリストは、約2000年前に現在のイスラエルのベツレヘムという町で生まれました。彼は天地創造の時に、神の傍らに御子《みこ》としてすでに存在していたとされています。

神とイエスは、このままでは人類は原罪と欲望のために自らを滅ぼしかねないと思い、十戒を授けたり預言者達を世に遣わしましたが、人々はなかなか耳を傾けませんでした。そこで遂に、御子《みこ》は自らが人として生まれるためにマリヤの体に入られました。そして、原罪と人類の罪過のために十字架にかかることを自ら選び、それを成し遂げたのです。これが天の父と子であるイエス・キリストの話です。

私はシンプルに、「天の父」として全宇宙を愛で包んでいる神と御子《みこ》であるイエス・キリストと共に自分の人生を歩みたいと思ったのです。

信仰とは神との個人的な関係です。私がどう信じるか、皆さんがどう信じるかは、個々人が決めることだと思います。キリスト教自体は何千もの宗派に分かれ、様々な教義があるのですから、個人レベルでの信仰、つまり神との信頼関係を築くことが出来るのです。

聖書には何が書かれているのか？

旅行などでホテルに泊まると、大概の部屋には聖書が置いてあります。世界一のベストセラーで、毎年世界で6億冊ほど発行されているそうです。人類史上の累計発行数でも1番です。それだけ有名な本であるのに、日本人は知らない人が多いのです。キリスト教において、聖書は当然正典で、イスラム教でも教典に位置づけられています。

日本人にとって最も身近でありながら、最も遠い存在の本が「聖書」だと思います。日本での聖書の累計発行部数は3億冊と言われているからです。つまり、各家庭の本棚のどこかには、ほこりを被った聖書が数冊あることになります。それはまるで、年代物の宝石箱のようなもので、開けてみると錆やほこりで覆われた、魅力のない宝石のようです。面倒くさがり屋の人は、見るとすぐに閉じてしまい、また奥の方に仕舞い込んでしまいます。でももし、あなたが時間をかけて奇麗にし、専門家に助けを借りるなら、とてつもない価値のある宝だと分かります。

実は、日本人は知らないうちに聖書の言葉を使っています。「目から鱗が落ちる」「豚に真珠」といった表現は新約聖書の言葉です。それからよく使っている「タレントさん」という言葉も、発祥は新約聖書の「タラント」から来ているのをご存知でしょうか? カリスマという言葉もそうです。元々はギリシャ語の「神の賜物」という言葉が語源なのです。

私は40年間、聖書を読んできました。多分、何百回も読んでいるのですが、一度も飽きたことがありません。そのたびに新しい発見があり、学びがあります。それは私にとっても不思議なことなのです。私は飽き性なのでどんなに好きな本でも、漫画でも、普通2、3回読めば飽きてしまうのですが、聖書には立体感があって、海のように深いので繰り返し読むのだと思います。

聖書を宗教本として読むと、はっきり言ってつまらないです。それら書かれていることを全部鵜呑みにしなければならないと思う必要もありません。宗派によっては、

第2章
神と人間の絆

聖書の話の一部を比喩と解釈しているところもあるので、詳細にこだわると損をします。新しい人に出会う時、初めからその人のすべてを理解するのは不可能ですよね。まずは話をして、徐々にお互いを知り、親交を深めながら、相手の言っていることの信憑性を確かめます。私も初めに聖書を読んだ時は、信じがたい部分が幾つもありました。特に奇跡の話は、ほとんどが？マークでした。

旧約聖書は、今から約3500年前から2500年前くらいに書かれたと言われています。新約は約2000年前です。聖書は全部で66冊の書から成り立っていて、著者は約40人と言われています。幾つかの書には、筆者の名前が書かれていないからです。細かいことについては今もなお、学者達の中で議論が行われています。でも、タイムマシーンが出来ない限り、答えは永遠に出ないでしょう。

聖書を読む時に一番重要なことは、書かれていることと自分がどう向き合うかです。向き合うことによって、初めて実践が出来ますし、その言葉が真理であるかが分かります。聖書を読むにあたり、歴史の背景やユダヤ人の習慣が分かれば、楽しく読むことが出来ます。詳細に入り込み、書かれてある物事の物質的な形態だけを見てしまうと、その背後になる真理を掴むことが出来なくなります。

旧約聖書と新約聖書の違い

聖書とは、神が私達に宛てた、世界や人生の説明書のようなものです。聖書を通して、神の性格や考え方を理解できます。

聖書は旧約と新約に別れていて、イエスが生まれる以前に書かれた書が旧約、イエスが生まれた後に書かれたものを新約と言います。この「約」は、契約という意味で、神とユダヤ人との間で交わされた契約が旧約聖書と言われます。私の個人的な解釈ですが、神はまずユダヤ人を通して、人類に救いの手を差し伸べようとしたのだと思います。ユダヤ教の方は、今も旧約の契約が有効と信じ、旧約聖書だけを聖書として信じています。

イエス・キリストの十字架の死によって、新たにできた契約が新約聖書と理解してください。以前はユダヤ人を介した契約だったものが、イエス・キリストの十字架によってすべての人が神から直接恵みと救いを得られる契約に変わったのだと信じています。契約書というと固いものに思えますが、聖書は人生に必要な目に見えない理《ことわり》が書かれていて、神からの愛のこもった説明書プラス契約書のようなものです。

聖書の中では**「預言はすたれ、異言はやみ、私達の知る所は一部である」（第一コリント人への手紙第13章8節）**と書かれています。有限である人間が、無限である神を理解することはできません。

私が人生で学んだことは、神や人生や世界をただ単に理解するのではなく、愛するということです。もし、物事を理解するまで待っていたら、それだけで人生は終わってしまいます。私達が地上に居られる時間はそれほど長くはありません。私の55年はあっという間でした。私達は今を生きています。明日でもなければ昨日でもありません。過ぎ去ったことをくよくよと考えるには人生は短すぎます。

私も、もし20年前に7人の子供達を育てることを頭で考えていたら、頭がおかしくなっていたかもしれません。私達は今日をしっかりと生きましょう！

人間以上に人間らしい神

聖書を読むと、神の様々な面が見えてきます。たとえるなら、天気のようでしょうか？　基本的には晴天、時々曇り、または雨、時には嵐みたいな。

やはり、父親なのだなと思います。時には満足され、励まし、導いてくださり、時々怒り、裁き、嘆かれる。それだけ私達に対して一生懸命なのだなと思います。

神の感情が分かりやすく表現されている箇所は、旧約に書かれている神と預言者達の会話です。

例えば、神がエジプトで奴隷にされているユダヤ人達を救うため、モーセという預言者にエジプトに行くように言うのですが、彼は一度失敗していて、その時すでに80歳なので、他の人を探してくださいと言うのです。それに対して神が苛立ちながらも、忍耐強くモーセを説得されるくだりは、神がいかに人の意志を大切にされているのかが分かります。

また、皆さんも御存知の「ピノキオ」は、預言者ヨナをモチーフに書かれたと言われています。このヨナは、神から与えられた仕事から逃げ出している時に大魚に飲み込まれるのです。彼は大魚の腹の中で悔い改め、神は彼を許し、大魚から吐き出されるのです。その後、ヨナは預言者として、悪行三昧しているニネベの町に命がけで神の裁きを宣言に行くのですが、結果、ニネベの人々はその悪行を悔い改め、神の裁きは下らなかったのです。ヨナは面目が潰れてしまい、神に対してすねてしまうのですが、そんな彼を神は忍耐強く諭すのです。神の厳しさと優しさを感じます。

また、私との関係においても、神はご自身の感情を分かりやすく伝えてくださいます。

神が私達人間の感情を作られたのなら、彼は私達人間以上に感情が豊かなのかもしれません。

宗教と信仰は違う

多くの人は、信仰と宗教を一つに考えています。宗教があって初めて、信仰が存在すると考えるからです。でも、人類史を見ると神があって信仰が生まれ、その後宗教が作られて行きました。

皆さんはアブラハムという名前をどこかで一度は聞いたことがありますか？　それではアメリカ大統領のアブラハム・リンカーンは皆さん知っていますよね。「奴隷解放宣言」で有名な大統領です。彼の遠いご先祖様にあたるのが、今から話す元祖アブラハムです。世界的にはとても有名な人物で、「信仰の父」と呼ばれています。

アブラハムは、約４０００年前に現在のトルコに当たるハランという町に住んでいました。その時神は、アブラハムにハランを出て現在のイスラエルに行くように告げるのです。

彼はこの聞こえてきた「神の声」を信じ、自分の家族と使用人達と多くの家畜を連れて大移動をします。なんと直線距離で約500キロの道のりでした。当たり前ですが、当時は車も飛行機もない時代です。彼は命の危険を何度も乗り越えながら、「神の声」を信じ、カナン（現在のイスラエル）の地にたどり着くのです。彼の人生はハランの地を出てからというもの、遊牧民族のように生涯旅人でした。そして、彼について聖書はこのように語っています。

「アブラム（アブラハム）は主（神）を信じた。主（神）はこれを彼の義と認められた。」（**創世記第15章6節**）。

当然4000年前には、「ユダヤ教」「キリスト教」「イスラム教」という宗教は存在していませんでした。つまり、神とアブラハムの個人的な信仰だったのです。

そして、預言の通り彼は、ユダヤ人とアラブ人の先祖になり、しかも、彼の個人的な信仰が現在の世界三大宗教になって来たのです。この三大宗教の信者は、世界人口の約半分以上を占めています。

神を知り、また、神に知られるためには宗教団体に入る必要はありません。もちろん、宗教団体に入ることが間違いでもありません。

ただ、私個人にとって信仰とは「プライベート」な神との関係で、その間に宗教の存在は必要が無いのです。私にとって宗教は人間が作った一つの組織です。

私達の人生が終わり、天に召された時に神は一人ひとりの人生での言動について聞かれるでしょう。その時、神はどの宗教や宗派、会社でどれだけ偉かったとか、いくらお金があって、豪邸があったなどは聞かれないのです。私達がどれだけ神や人を愛したのか、または傷つけたのかを聞かれるでしょう。

私は以前こんな話を聞いたことがあります。ある敬虔なクリスチャンの女性が、夢で天国に召されたそうです。その時に、昨年亡くなられた彼女の教会の牧師さんが天国の門に立っていたので感動して、「私を迎えに来てくださったのですか」と聞いたところ、その牧師は恥ずかしそうにこう答えたそうです。「私が地上にいた時に皆に説教はしたんだが、自分はそれを実践していなかったから今は門番をしているんだ」。

神は私達の真実の姿を御存知なのです。

科学と神は矛盾しない!?

科学は、神の存在を否定しているように考えられがちですが、これは事実とは違います。多くの科学者は、神の存在を肯定的に考えています。またある学説によれば、近代西欧科学の発展はキリスト教が母体となっていたと考えています。多分、皆さんはガリレオを教会が裁判にかけた話が大きく記憶に残っていると思うのですが、あれは当時の教会が勝手に天動説を信じ、ガリレオを迫害したに過ぎません。彼自身は神を信じていましたし、ニュートンもそうです。

これは私の持論ですが、科学や医学を研究すればするほど、地球や生命がいかに複雑かつ精巧に作られているかを知ることが出来ます。そして、そこには誰か製作者が存在すると感じるものです。あなたはスマートフォンが突然土から生えてきたら信じますか？　信じませんよね。多分それを手にとって、どの会社が作ったかを調べると思います。人間は、スマートフォン以上に複雑で精密に出来ています。今の人類の科学をもってしても、単細胞一つ作ることが出来ません。生命体は誰かが作ったと考えた方が、より科学的なのではないでしょうか。

つまり政治と科学と宗教が力を合わせることが大切だと思います。科学だけでは十分ではありません。まだ人類は幼稚な考えと好奇心に負けてしまうからです。宗教が持つ生命への畏敬の念を合わせ、政治によって人類が共に考え議論をし、ゆっくりと時間をかけて決めていくべき状況になりつつあるのではないでしょうか。

人類の科学は一企業の利益のためだけに推し進めても良い水準を超えてしまっています。宗教も科学の助けを得ることにより、神の考えや方向性を正確に知り、より成長出来るのではないのでしょうか。

神はそれぞれの時代に、国や人類の成長に合わせて様々な方法によって語ってこられました。我々は、今この時だからこそ、神の導きを様々な現象の中に見出すことが出来ると思います。人類はもう十分な犠牲を払い血を流して、お金や領土、宗教、政治に取り組んできました。

我々はそろそろ物事を客観的に見ながら、全人類が地上の生き物として共に生きるための世界を真剣に考えてもいいのではないでしょうか。多少の快楽や便利さや快適さを犠牲にしなければならないかもしれませんが、やってみる価値はないでしょうか。我々はすでにインターネットを通して、人類が一つになる手段を手に入れました。後は、どう使うかが問われています。神が人類に与えた英知を無駄にしてはいけません。我々はまだ可逆地点にいます。わざわざ崩壊に進む必要はありません。

信仰と科学は人類の成長のために共に歩むことの出来る良きパートナーになれると信じています。

信仰と現実、どちらも見すえる

信仰には力があります。なぜなら、信じること自体に力があるからです。

「信じる者は救われる」という言葉は真理です。だからこそ何を信じるかが問題で、もしそれが妄想であれば、間違った方向に私達を導いてしまいます。どうしたら真の信仰であるかを見極めることが出来るのでしょうか。

私はよく皆さんに「信仰と現実の両輪が大切です」と言います。もし、あなたが信じていることや、やっていることが現実になっていかないのであれば、それはただの妄想なのです。時間やお金をかけるに値しません。

約13年前に大阪で哲学の勉強会に参加していた時のことです。突然以前に数回だけ来たことがある60歳くらいの会社社長Tさんが入ってきました。彼はさっきまで病院で医者と話していたそうです。検査をしたら足に悪性黒色腫が出来ていて、すでに末期の状態で、右足をすぐに切断しても助かるかどうか分からないと言われたそうなのです。彼はその時点で治療は無駄だと判断し、私に手を置いて祈って貰うために来たと言いました。参加していた人達も祈りましょうと賛同してくれたので、私は実際に彼の足に手を置き、癒しのために祈りました。患部は足の裏で出血していたので触るのを躊躇したのですが、祈りと同時に言葉では言い表せない愛しい気持ちになり彼の足を抱きかかえるようにして祈りました。

それから彼は月1回私の家に来て、聖書を学び、足に手を置き祈りました。事実だけを語りますが、彼の足に広がっていた癌は、時間をかけて足の裏の1ヵ所に集まり、3ヵ月後にはかまぼこのような棒状の黒い肉の塊として突き出て来たのです。半年後には他の部分は奇麗になり、肉の塊は足から落ちかけていました。最終的には医者に行き、見せたところ、医者は「これは奇跡で今まで見たことが無い、手術で切ってしまおう」と言われたので切断したそうです。

ここではっきり言いたいのは、彼はクリスチャンになった訳ではなく、玄米菜食を試したり、癌に効くと言われている温泉に行ったり、彼の信じる様々なことをしていました。

私が言いたいポイントは、彼は自分は治るという強い信仰があり、それが現実になっていったということです。その時点で彼の癌が治ったのは、決して私の力ではありません。誰かが祈って病が治れば、それは神の御業《みわざ》であり、祈りを求めた人の信仰の力なのです。その人には治るという確信があり、その力が現実になるのです。私は、超能力者でも霊能者でもありません。ただ、神に祈るだけなのです。イエスは地上に居られた時に多くの奇跡や癒しを行われました。

その際よく、「**あなたの信仰があなたを救ったのです**」と言われました。つまり、その人の信仰が力を吸い取るのだと思います。

それでは逆の例を話しましょう。これも13年も前の話になりますが、私の知り合いの娘さん（Eさん）がスピリチュアル系にはまっていました。彼女には子宮筋腫があり、肥大化して緊急手術を必要としているのに、治療を拒否しているので、話に行って欲しいと言われました。

私はすぐにEさんに会いに行きましたが、驚くことにどう見ても妊娠6ヵ月以上あるようなお腹をしていました。彼女はスピリチュアル系の自然療法師が手術をしなくても治ると言ったことを信じて、2年間何もしなかったそうです。気持ちは分かります。体にメスを入れることがどんなに大変なことか、ましてや、女性ならなおさらです。しかし、彼女のケースは子宮筋腫が血管を圧迫していて、血栓がすでに出来ている状態で、このままではいつ心筋梗塞や脳梗塞が起きてもおかしくないところまできていました。私達は彼女のために祈り、すぐに手術を受けた方が良いと励ましました。

彼女の信じていることに対し現実が伴っていないことを説明したら、ついには納得してくれ、手術を受けることになりました。手術は上手くいったのですが、彼女は普通の生活に戻れるようになるまで大分時間がかかりました。

この2つの例は極端なケースです。

Tさんの場合、手術をしてもほとんど助からないと医者に言われ、死ぬ覚悟が出来ていると言っていました。

しかし、彼は同時に奇跡を信じる選択を選び、そのために行動に出たのです。また、彼は様々な民間療法を実践していましたが、そこに自己逃避はしておらず、一歩一歩起きてくる現象に対して冷静に覚悟を持って行動していました。

Eさんの場合は手術をすれば助かる状態であったけれど、手術を避けたいと思っていました。信じるというより、スピリチュアルな民間療法に逃げていて、現実を見ようとせず自分に都合の良いことだけを信じようとしていたのだと思います。

ただ3年後にTさんと再会して話したのですが、残念なことに手術の後、彼は病院にも行かず、私にも会いにきませんでした。彼は元の社長業に戻り、自分を過信してしまい、定期検査を怠った結果、3年後に再発してしまいました。

皆さん、人生には時々「まさか」が起こります。でも、信仰と現実の両輪を持っていればこの「まさか」を乗り越えていくことが出来ます。

すべてにおいて常に1パーセントの疑いを持つ

地上において100パーセントはありません。

私の知る限りでは100パーセント成功する医療もビジネスも結婚も存在しません。天国においてのみ100パーセントは存在しています。この地上にいる限り、何事においても絶対はないと思っています。信仰心を持っても100パーセントは無いと言うと驚くかもしれませんが、私の経験を基にして言うと無いです。たとえ私が神からの直接的な啓示を頂いたとしても、私の受け取り方や理解の仕方に微妙な違いが生じるかもしれません。

神が聖書の中で預言者に語られた預言でさえも、その人の行動次第で預言自体が無効になったことがあります。

神はすべてをご存知ではありますが、人間に関しては選択の自由が与えられていま す。「運命」などということは無く、あるのは人生の選択によって積み重ねられた決断の結果なのです。

私達の人生は神や他人のせいにすることは出来ません。なぜなら、誰も自分の人生を代わって生きてくれないからです。だからこそ、何事においても最低1パーセントの疑問を持つことで、正しく他の人の意見や神の導きを聴き、心から自分がしたい決断をしていくのです。

不確実性は神の領域だと思ってください。人の弱さや不確実性の中にこそ、時として神の現れが見えます。現れ方は様々ですが、それが私達の人生を照らす光であるかもしれません。恐れを持つと光は闇に変わります。選択するのは私達なのです。

第3章

闇に立ち向かうための「心のコア」

進化論的思考と産業革命がもたらした世界

私が生きて来た55年の間に、世界は急激に大きく変わりました。

科学や医学、テクノロジーの進歩は日進月歩で、私達を取り巻く環境は日々どんどん変化を遂げています。ラジカセからウォークマン、タイプライターからワープロ、そして、今やパソコンやスマートフォンに変わり、年代順にテクノロジーの進歩から脱落していきます。

こういった進歩の果てに、人類はより幸せな暮らしを手にしているのでしょうか。私の眼には流行や変化に辛うじてついていこうとし、生活を維持するために必死になりながら、多くの人の心が疲弊しているように感じます。

人類は、1万年近くこの地上の支配者、管理者として君臨してきました。多くの問題はありましたが、現代社会のように、地球全体と次世代を危険に巻き込んで、まるで暴走列車のように進んでいる時代を人類は未だ経験したことがないのです。
では、我々はいつから暴走し始めたのでしょうか。それを今からお話ししたいと思います。私の理解や解釈には様々な賛否があると思いますが、皆さんのこれからの人生の参考やアンチテーゼになれば幸いです。

現在の科学やテクノロジーの進歩は、人類史上類を見ない勢いで加速しています。人類の成長には進歩は欠かせないものだと思います。しかし、今こそ立ち止まり、祈り、一息ついてもいいのではないでしょうか。別に200年前の世界に時間を戻さないといけないと言っているわけではありません。ただ、今の進歩の速度に対して脳は適応しようとしていますが、心がついて行っていないのです。

今の人類社会を作ったのは明らかに我々です。誰かがこのような世界にしようと計画したのではありません。私は、これが「進化論的思考」の結果がもたらしたものだと思っています。

進化論的思考とは、偶然に単細胞が生まれ、それが進化して今の人間や生物になったという考えです。今は証明された科学と一緒に学校で教えていますが、私の高校の理科の先生は、「私は一科学者として公立高校の場で、証明されていない進化論を理科の授業で教えることを拒否します」と言って教えませんでした。私も彼の考えに賛成です。進化論は、読んで字の如く証明された「科学」ではなく「論」であって一つの考え方なのです。

進化論の基本的な考え方は、偶然と自己保存です。命は偶発的に生まれ、生きるための欲望により進化を続けている。そして、我々人類は種の保存と進化という目的を達するためにあらゆる犠牲を払っても良いという考え方です。しかし、このような進化論的な考え方の行き着く先は、どのような世界になるのでしょうか。この200年、進化論を信じた人類の心の荒廃と多くの生物を絶滅に追い込み、環境を破壊してきたことを考えると、進化論的思考とは命や自然の理を軽視した思想ではないでしょうか。対して「創造論的思考」とは、人間や生物は神もしくは高度な生命体によって創造されたという考え方です。そこには創造者の思いや秩序があると考えられています。

人類はつい200年前までは、創造論を信じて生きてきました。ほとんどの宗教や民族は、食事の前には感謝を捧げ、命の循環を尊び、魚や動物を取り過ぎないように工夫し、地球の「管理者」としての役割を全うしてきました。もちろん、200年以前の人類の生き方がすべて正しいとは思いません。数々の問題点もありましたし、すべての民族に畏敬の念があった訳でもありません。人には肉体だけでなく、霊があります。私達の霊は進化してきたのではなく、神から与えられた命なのです。そして、良心と共に愛と平和を渇望するようにデザインされています。そして、創造論的思考には人類は孤独な存在ではなく、神の愛によって創造され、何らかの目的があって、すべての人が存在し、今も神によって愛された存在であるという考えです。しかし、残念なことに多くの人は創造論ではなく、進化論を信じるようになっていったのです。

進化論の普及と同じころ、200年前に産業革命が起きました。それはまさに、読んで字の如く人類にとって革命でした。それまでの輸送機関や移動手段は馬や牛などの動物に頼っていました。しかし、人は石炭や石油など石化燃料を使い、風やオールを使っていた船がエンジンで動き、挙句の果てには飛行機を作り、宇宙にまで出ていき、機械文明を築き始めました。また、それまで手作業で作られていた作物や食料、家具が機械や工場で作られ、電気の普及で人類の生活は大きく変わっていきました。そして、戦争兵器や爆弾、さらにはミサイル、原子爆弾なども作られていきます。

この200年前の産業革命に端を発した暴走の原動力は「大量生産」「大量消費」「大量殺人兵器」。つまり貪欲です。以前、我々人類の心にあった「神や自然への畏敬の念」が弱くなり、「貪欲と狂気」が人々の心を戦争へと駆り立て、武器産業が世界経済を牽引し、20世紀には世界大戦が二度も起こりました。

欲の果てにあるもの

そして今、私達の欲の付けを子々孫々に押し付けてしまっているのです。この暴走は留まることを知らず、かえって加速されつつあり、間もなく、不可逆時点にまで到達してしまうかもしれません。神が天の父であれば、地球は母なる大地です。つい200年前までは地球はすべての変動を受けとめ、我々生物が生活出来る環境へと戻ってきました。しかし、今の状態は地球が持つ自浄作用能力をはるかに超えた勢いで様々な汚染物質を排出しています。

人間はとても弱い存在で、目の前に甘い食べ物、美味しいお酒、自分のタイプの異性がいれば簡単に誘惑に落ちてしまいます。ある国がしたように、贅沢な暮らしを維持するため、国際協定から簡単に離脱してしまいます。

いつか誰かが止めてくれるのを期待して、目を閉じることは誰にでも出来ることです。私達は一度レールが敷かれれば、それが間違った道であろうと乗ってしまうのです。あえて「これは間違っている」と声を上げるのはとても勇気のいることです。

しかし、私達は分岐点に立たされた時には、決断しなければいけません。いつまでも欲望のままに行動していてはいけないのです。十分な貯金があれば良いのかもしれません。余裕がある時は、多少羽目を外しても良いと思います。しかしながら、今の時代は貪欲のために我々の子供達、孫達に、借金を押し付けているのです。思慮がある親であれば、むしろ子供達のために家や財産を残すことを考えるのではないでしょうか。

問題はほとんどの人が現状に対して、無感覚で無意識になっている状態です。乗客は船長や船員に自分達の命を安易に預けてしまい、専門家に任せればいいと思うのです。最先端技術を駆使した豪華な船がまさか沈没するなど有り得ないと。でも、もし私達が乗っている船が「タイタニック号」なら皆さんはどうしますか？

それでは、今から人類が抱えている3つのパンドラの箱の話をして行きます。このことにきちんと向き合うかどうかが人類の未来の鍵だと言えるでしょう。

私達が抱える3つのパンドラの箱

◇1つ目の箱・・・核

1つ目はすでに開けられていますが、「核」という箱です。

核の危険性については私が詳しく述べるまでもありませんが、今の人類の科学では制御出来ないものを扱っているにも関わらず、なぜか未だに世界中に拡散しています。

チェルノブイリや福島の問題は解決出来ていません。青森県の六ヶ所村にある再処理工場には日本中の使用済み核燃料物質が集められていますが、延期に次ぐ延期で、未だ、再処理が成されていません。果たして本当に再処理などという技術を手にしているのでしょうか。不安が残っているにも関わらず、日本ではどんどん原子力発電所が再稼働を始めています。核爆弾の問題も大きいのですが、世界中で毎年出る核の廃棄物は、しばしばずさんな管理が問題視されています。近い将来、世界中で汚染問題が起きることは確実でしょう。

核はもう、夢のクリーンエネルギーではなく、悪夢のダークエネルギーであることを正しく認識すべき時が来ていると思います。

◇2つ目の箱・・・遺伝子操作

2つ目は「遺伝子操作」です。

植物に関しては、世界的な大企業になったモンサント社が、遺伝子操作した種をすでに独占的に生産しています。動物に関しても、魚やマウス、牛や鶏は遺伝子操作により、人に都合の良い飼育が出来るように作られていて、食卓に並ぶのは時間の問題です。もう出回っているかもしれません。

そして、神の領域と言われ続けた、人に対しての遺伝子操作も行われ始めているといった噂は絶えません。なぜなら、人類の遺伝子操作の技術は日進月歩で、認可さえあれば遺伝子組み換え人間、またはキメラの製造が可能な状態です。キメラというと驚かれるかもしれませんが、アメリカでは豚に人間のＤＮＡを入れ、人間に移植可能な内臓を作り始めていますし、動物同士では実験のために他の動物のＤＮＡを入れたりしているのです。

もちろん、初めは癌や糖尿病、心臓病など先天性的な要因を遺伝子レベルで排除したり、移植するところから始まるのではないかと思います。しかしその後は徐々に、ＩＱや運動能力が高い子供達を作りたいという欲望に駆られるのは必至です。人の欲は、一度たがが外れたら留まるところを知りません。

私は感情論的に「神の領域」を侵していると訴えているのではありません。私が危機感を持っているのは、高度な生命体のすべてを理解していない未熟な科学レベルで、勝手に遺伝子操作を始めてしまうことなのです。今世紀の人類が冒している大きな危険が伴う無責任な行動について、後世の歴史家がどう判断するのでしょうか。もし、人類に未来があったらの話ですが。

現段階の遺伝子操作は、私のような絵心のない凡人が勝手にゴッホの「ひまわり」に手を加えてしまう、そんな愚かさの比ではないと思うのです。

人々は何をそんなに急いでいるのでしょうか？　急ぐ理由はどこにもありません。欲望と好奇心が先行しているのです。

◇３つ目の箱・・・ＡＩ

最後のパンドラの箱は、「ＡＩ」です。

２０４５年に来ると言われているシンギュラリティ（技術的特異点）で、「ＡＩ」が色々な面で人類を超えた存在になると言われています。しかも、その時期は早まりつつあり、ある説によればシンギュラリティの到達は２０３０年です。この色々な面とは知識、知性、判断力、そして、感情も含まれています。

つまり、ＡＩが人格化し、独自の発想や意志を持ち、自分より優れたＡＩを連鎖的に作り始め、人間を超越するものが誕生すると言われています。まるで、一昔前に作られたＳＦ映画のようです。

現在、ＡＩはすでに人類の生活の様々な所に進出しています。身近な所では、ｉＰｈｏｎｅに搭載されているＳｉｒｉです。

現時点での株の取り引きの80％はＡＩ同士のやり取りで、人間には不可能なほど超高速で取引が行われています。アメリカでは裁判のアドバイザーとしてＡＩが登用され始め、ある国では、あと5年後にはＡＩの政治家が実用化出来るよう準備が成されています。すでに医療においては、診察の判断の補助として使い始めています。現代社会でインターネットが必要不可欠であるように、ＡＩもその必要性が増しています。

5年後には、ＡＩの存在が無ければ人類の生活が成り立たない状態になるでしょう。

ＡＩが持つ危険性

専門家達は、近い将来ＡＩは知性や個性を発揮し、独立した意志を持つと言っています。

ご存知の方もおられると思いますが、ＡＩを作るにあたりまず「教師データ」を作ります。例えば将棋専用のＡＩを作る時は、過去のプロ棋士の対戦データを大量に記憶させ、それを基にＡＩに学習させます。この教師データがＡＩの個性を左右する訳です。

1年前、米ＭＳがＡＩ「Ｔａｙ」を一般公開し、様々な人と会話をさせていました。ところが、しばらくするとＴａｙは人種差別発言を連発し始め、停止しなければならなくなりました。詳細は知らされていませんが、人々と会話をする際に、ＡＩのコアであるべきデータが変わってしまい、情報次第では突然に天使にも悪魔にもなり得る可能性があるということです。または、制作者が勝手に教師データに特殊なバグを入れることも可能なのです。

我々はＡＩがどのように思考し、判断を下しているかを知りません。ＡＩの判断の過程は「ブラックボックス」の中にあり、我々には知らされないのです。また、ＡＩ自体も判断過程を理解出来ていない場合もあります。

今タクシー業界で使われ始めているＡＩは、各ドライバーにどの道を行けばお客さんを拾える確率が高いかを告げ、ある一定の成果をあげています。このシステムは、使用者側には指示だけが伝わり、どうしてなのかの説明はありません。また、使用者側もいちいち説明を必要とせず、結果が出ていれば良いと思っているかもしれません。

ここで皆さんはお気づきでしょうか。これではまるで主従関係ですよね。ＡＩはこれからも驚異的な速さで我々の生活に浸透するでしょう。そして、我々はＡＩの決定に対して従順になる訓練を受けているのではないでしょうか。このままでは10年後にはＡＩの決定だけが告げられ、それに我々人類が従う形が定着するでしょう。それは私の世代の多くが、テレビで放映されていることを鵜呑みにして信じていたのと同じような現象が起きるのだと思います。

私の持論になりますが、このままの流れだと知らず知らずのうちにAIが神格化するのではないかと思っています。これはなにも、人類にとって新しい突飛な発想ではありません。偶像を作り、それを崇拝することを人類は長年してきているからです。

私達に残された時間の終わり

この3つのパンドラの箱は、使い方次第で人類や地球にプラスになるかもしれません。

でも問題なのは、これらの箱を開けようとしている人達の人間性なのです。今の社会は残念なことにごく少数の権力者や大富豪が世界の政治や経済の主導権を握っています。昨年、世界の貧困問題に取り組む団体の「オックスファム」が「世界のトップ62人の大富豪が全人類の下位半分、即ち36億人と同等の資産を持っている」と報告し、世界に衝撃を与えました。そして、彼らはこの格差をさらに広げようとしているのです。現在、そういった人達が3つのパンドラの箱を手にしているわけです。

3つのパンドラの箱から出てくるものは「崩壊」「絶望」でしょうか。それとも「希望」でしょうか。私の予測では、人類の不可逆時点の到達は今後5年から10年で、地上の生物への遺伝子操作やAIと人類の融合は、止めることの出来ないポイントまで来てしまうことでしょう。そして、このままではこれらの変化も深い認識や大きな議題に上がることなく進んでいくでしょう。

例えば、インターネットは僅か20年足らずでほぼ全人類の必需品になりました。テレビも突然現れ、いつの間にか必要不可欠な存在になりました。にも関わらず、大多数の人達はそれらがどのように管理されているのか、安全なのか、理解しないまま使っています。

現在の民主主義のように、大勢の人が一緒にいるからという漠然とした安心感で、行先も分からないまま加速しながら進んでいくことでしょう。

黙示録が教えてくれる私達の近未来

もし、今のまま人類が暴走を続けた場合、今世紀中に起こって欲しくはないのですが、ヨハネの黙示録第13章に書かれている預言が現実になってしまうかもしれません。ヨハネの黙示録は、聖書の中でも最難関の一つで、解釈もまちまちですが、非常に有名な書でもあります。映画にもなった『アルマゲドン』も黙示録からの言葉ですし、アニメの『新世紀エヴァンゲリオン』は黙示録からアイディアを得ている節が多々見受けられます。実は黙示録の半分程度は、人類の終末に関する預言です。

2000年前に生きた十二使徒の一人「ヨハネ」が人類の終末について啓示を受けているので、当然描写が分かりづらく、解釈の仕方も分かれます。つまり、2000年前の人が、急に私達の未来を啓示で見せられたわけです。当然「原子爆弾」「人工知能」などの言葉は出てきません。この本ではスペースが足りないので、「3つのパンドラの箱」に関連のある所だけを簡単に私なりの説明をさせていただきます。

まず出てくる「獣＝ビースト」とは世界政府を樹立した独裁者です。そして、彼は自分に似せた人型のＡＩを作ります。「息を吹き込む」とは命を与えると理解していいと思います。つまり、ＡＩが自らの意志や感情を持つのです。これは先ほど説明した「シンギュラリティ」に達したＡＩということだと思います。そして、人類を服従させ、歯向かうものを粛清していきます。これは多くの独裁者がしてきた恐怖政治です。

「それから、その獣の像に息を吹き込んで、その獣の像が物を言うことさえできるようにし、また、その獣の像を拝まない者をみな殺させた。」（ヨハネの黙示録第13章15節）

次に、この独裁者とＡＩは人々をコントロールするため、コンピュータチップを手や脳に挿入するよう強制します。つまり、これが刻印の意味です。簡単に言いますと、最近日本で導入されたマイナンバーカードをコンピュータチップにして人の体内に埋め込むのです。そうすることによって、人々のお金の動きや行動がＡＩによって把握し、規制出来るようになるのです。驚くかもしれませんが、すでに世界中では様々な理由で数十万以上の人々が体内にチップを埋め込んでいます。

「また、小さき者にも、大いなる者にも、富める者にも、貧しき者にも、自由人にも、奴隷にも、すべての人々に、その右の手あるいは額に刻印を押させ、この刻印のない者はみな、物を買うことも売ることもできないようにした。この刻印は、その獣の名、または、その名の数字のことである。ここに、知恵が必要である。思慮のある者は、獣の数字を解くがよい。その数字とは、人間をさすものである。そして、その数字は六百六十六である。」（ヨハネの黙示録第13章16節〜18節）

この結末は、最終的に神が直接介入し、新しい地球を人類と共に作られることになるのですが、もし、今の人類が生き方を考え直し、時間をかけて3つのパンドラの箱と向かい合うのであれば、このような過程を通らなくても良いのかもしれないと私は真剣に考えています。

一人ひとりが決定権を持つ

時間はまだあります。一人ひとりが、真剣に未来の子供達や孫達の世界を想像し、確かな未来を考えていくべき時だと思います。

群衆は愚かなので、政治家が導かなければならないという考えがあるようですが、ある政治家の愚かさは我々民衆の比ではありません。

大企業や国だけではなく、専門家や宗教家、何より子育てをしている母親や父親が平等な権利を持ち、国際的に大切な事柄を決めていくべきではないでしょうか。優れた学歴や頭脳を持つ一部の人達やAIの判断よりも、真に子供達を愛する素朴な優しい人達の判断の方が、より平和的で人類に幸せをもたらすのではないかと思います。

今、世界の民主主義国家はすべて間接民主主義です。例えば日本では国会議員を投票で決め、法律を作っていきます。しかし、このやり方では議員になるために莫大なお金が必要になり、結局は大企業や官僚との癒着が生じ、権力とお金の支配が続くのです。他の国々も同様です。残念なことに、今世界に政治家がほとんどいません。多くは政治屋に成り下がってしまっています。

私は今だからこそ、直接民主制に移行すべきだと思っています。すべての成人が平等に政治に参加し、投票をする政治形態です。つまり、議員制の廃止です。実は約3000年前に古代ギリシャでは、一時このやり方で政治が行われていました。その後、人口の増加や不便さを理由に、徐々に議員を選出する間接民主制や独裁政権に移行していきました。

しかし、今私達にはインターネットがあり、ほとんどの人は個人のスマートフォンやPCを持っています。瞬時に誰でも、全世界に向けて発信することが出来るのです。実際、企業や政治の場ではアンケートや視聴率、支持率を基に方針を決めていくことがあります。今の人類であれば、インターネットを使い、直接民主制に移行する技術と手段を持っているのです。

もちろん、これですべての問題が自動的に解決するとは思っていませんが、少なくとも、我々一般人が決断に参加することによって、今まで任せっきりだったことが自分の責任になることで意識が変わり、地球や人類全体への責任感が生まれてくるのではないでしょうか。

また、直接民主制に移行するなら、別の大きな問題を抱えるでしょう。そして、私達一人ひとりがしっかりとした考え方や生き方を学ばなければいけません。しかし、そうすることは、学校教育や経済システム、人類の生活スタイルそのものを見直す良い機会ではないでしょうか。さて、直接民主制についての具体的な内容はこの本では控えさせてもらい、違う機会に話していきたいと思います。

このアイディアをただの「犬の遠吠え」と思われる方もいると思います。しかし、番犬が吠えることを止めたら、誰が人々に危険を伝えるのでしょうか。大切なのは吠え続ける事、それによって、皆さんの心により良いアイディアが生まれ、世界は良い方に変わっていくと信じています。

さて、私達ラボニコンサルティングは微力ですが、相談に来てくださる方に「心のコア作り」を提案しています。これは私が人生をかけてしている「種まき」です。

昔聞いた話があります。ある老人が、廃れた村に一人で羊を飼って暮らしていました。他の住人は、みな残らず別の場所に移り住んでしまっていました。彼は、来る日も来る日も木の実を蒔いていたそうです。その結果、20年後に緑豊かになり、人々が移り住んで来たそうです。

つまり、自分をどんなに無力で弱い人間であると感じても、小さい親切、小さい優しさ、思いやりが私達の明日の世界を変えることが出来るということです。

一人ひとりが心のコアを作り、自分の天命、天分を全う出来たら、きっと今より素晴らしい世界になると信じています。忘れないでください。皆さんが何を信じようと、何をしようと、私達は神が愛する子供であることを。

それでは次に「心のコア作り」について説明していきたいと思います。

「心のコア」を作る5つのステップ

多くの人は漠然とした感覚や縁起または占い、ジンクスに惑わされます。「自分は神に頼らない」と言いながら、人は知らず知らずのうちに根拠もないものに頼りたがるものです。

また、「世間の価値観」に振り回されると自分自身を見失い、充実した人生を送ることは難しいものです。

自分らしく生きていくためには「心のコア作り」をしなければなりません。私がクライアントさんの「心のコア作り」をする時、まずは会話を通して、相手を知るところから始めます。そして、その人に合った「流れ」を時間をかけながら、時には笑い、泣き、楽しく一緒に創っていきます。マニュアルはありません。でも、簡単な流れを説明しますので、興味のある方は自分で始めてみてください。

◇ステップ1：自分の心に正直になる

まず、心の中に漠然と占めている感情を整理していきましょう。

そのためには、自分と正直に向き合うことを学ばなければなりません。これが簡単なようで、なかなか難しいのです。なぜなら、脳は受け入れがたい部分をスルーしてしまう傾向があるのです。人によっては、正直になるのに数ヵ月かかることもあります。

一つ知っておくと助けになるのは、人の脳には多少バイアスが掛かっていて、物事の理解や記憶が現実に起きたことと多少違うのです。脳は自分を守ることを優先に思考するので、極端な話、自分に都合が良ければ不確かなものや嘘も信じこもうとします。

私は最近仕事が忙しくて、1ヵ月近く運動をさぼっていました。やっとジムに行った時、全身を写す鏡を見て思わず「嘘でしょ！」と叫んでしまいました。お腹の出方が、自分の認識と現実の自分とでギャップが大きかったからです。

心のコア作りも体作りと同じで、自分の今の現実を知ることによって、どこをどう改善したらいいのかが分かってきます。

◇ステップ2：自分の心を知り、なりたい自分をイメージする

次に、私達は心の動きやその人の人生経験や生い立ちの話を聞きます。自分がどのようなＤＮＡを持っているか、どのような環境の中で成長してきたのかをターニングポイントごとに認識することによって、自分の「資質」を再確認出来るのです。そして、今の自分はどのような感情や思考を持っているのかという点を重ねていきます。よく、クライアントさんの先祖の話を聞いていくと、その方の仕事と関連した職種をしていたり、趣味と重なったりします。すると大概、自分がしている仕事に今までと違う意義を見出したりします。

そして、自分は今からどういう人になりたいのかを考えてもらいます。自分は子供達に対してどのような親でありたいのか、会社ではどのような人物でありたいのか、社員に対してどのような経営者になりたいのか、パートナーに対してどのような人で

ありたいのか、消極的な性格を積極的な性格に変えたいかなど具体的なイメージを作ってもらいます。

なぜイメージすることが大切なのでしょうか？　それは、私達は周りの意見や、状況の変化に大きく影響を受けてしまうからです。

私が川西に住んでいた頃、子供達を食べさせることに必死で、周りを余り気にしていませんでした。服は友人からの貰い物か、フリーマーケットで一着100円の服を買っていました。当然新品の服を買ったことは無かったのですが、私達は幸せでした。

誕生日の時には、家族全員で回転寿司か「餃子の王将」に行くことが、当時の私達にとってすごく贅沢な時間でした。

しかし、神戸に移った頃から状況は変わり始めました。ある日、子供達が学校から帰ってくるなり、「パパ、今日学校の友達が、『回転寿司はマズイ』って言ったんだ。回らない寿司は美味しいって。回転寿司は美味しいよね？」と怒った口調で尋ねるのです。私が「そうだね、両方とも美味しいよ」と言うことでその場は収まりました。

神戸の比較的裕福な家庭の子供が集まっている学校でしたので、子供同士でもそうした話になったのかもしれません。

それから数年も経つと、私達の生活も徐々に変わり、収入も変わり、ほとんどの子供は社会人になり、皆それぞれの価値観が出来ています。

でも、家族が集まり、食事を一緒にする時、その場所がどこであろうと私達は最高に幸せだと感じています。そして、あの時家族で食べた回転寿司や餃子は最高に美味しい食事だった、と今でも子供達と笑いながら話します。

もう一つ、知人のAさんとのやりとりも印象的な話です。20年近く前の話ですが、定年を迎えたAさんが相談に来られました。その日、Aさんは顔色が悪く気が動転しており、怒りに満ちていました。「聞いてください。私は40年間尽くした会社に裏切られたのです。週5回の再雇用の約束が、突然週3回の勤務に変えられたのです。もう、私達家族はおしまいです、明日から生活出来なくなるのです！」と。普段は至って温厚な人が、絶望に直面すると我を忘れてしまうのです。私は彼を落ち着かせてから質問を始めました。

「Aさんは年金に入っていますか？」「はい、入っています」「住宅ローンの支払いは終わっていますか?」「はい」「退職金は出ましたか?」「はい」。だんだんと彼は落ち着き、顔色も良くなってきました。「それでは、お子さん達は学生ですか?」「2人とも仕事をしています」。私は満面の笑顔でAさんに「おめでとう! あなたは6人の子供がまだ学生で、家は借家で、貯金のない私達家族より何十倍もお金持ちですよ! でも、私達は幸せに暮らしています」と言い、私達はお互いを見ながら大笑いをしました。

こう客観的に話を聞くと、Aさんのことを滑稽に思う人もいるかもしれませんが、今まで月に50万ほど収入があった人が、急に月10万になるのは大変受け入れがたいことだと思います。でも、人生の価値や評価はまちまちです。だからこそ、絶望や困難を感じた時は視点を変えてみてください。状況はあなたが感じているよりももっと「希望」と「幸せ」に満ちたものなのかもしれません。

物の価値で変わる人生ではなく、しっかりとした「心のコア」を作ることによって周りに振り回されない充実した人生を送りたいものです。そのためにはまず正直に自分を見つめ、その時の感情ではなく、真になりたい自分をイメージ出来るようにします。

◇ステップ3：「心のコア」の要素を選ぶ

なりたい自分をイメージ出来たら、次に心の中に入れるコアを考えていきます。

人生は絶え間ない決断の連続です。ある研究では、なんと人間は1日に約9000回も様々な決断をしているそうです。凄い回数ですね！　ほとんどの決断は、脳がなんらかの基準を基に自動的にしています。そして、私達の人格や人間性はこれらの決断の積み重ねによって形成され、現れてくるのです。例えば、あなたが自分の欲望を中心に物事を決断していくと、非常に利己的な性格になり、周りとの折り合いが付きづらくなり、社会不適合者のレッテルを張られてしまいます。

逆に「徳」「正義」「決断力」「識別力」「愛情」「感謝」「許し」「勇気」といったプラスの思いを「心のコア」にして生き、それが定着するならば、日々の決断が大きく変わり、人生そのものを変えていくことが出来るようになります。私達の人生は日々の決断の積み重ねで形成されていくからです。心のコアになる要素を正しく選ぶことによって、飛躍的に人生を良い方に変えていくことが出来ます。つまり、良い人がより良い人に、良い経営者がより良い経営者に、良い夫婦がより良い夫婦に成長することが出来るのです。

◇ステップ4：神という要素を加える

そして、次に来るのが「神という要素」です。

なぜかと言うと、人生には「まさか」が起こるからです。人生には想定外の出来事が起きます。

例えば事故や病気、死別、自然災害、テロ、犯罪、戦争などです。そのような時に人は神という存在を意識します。つまり、「神という要素」が人生に深く入ってくるのです。

人は突然に起こってくることや失うこと、未知の出来事に対して非常に脆いです。

皆さんの中で真の絶望を経験したことのある人は、私が言っていることが分かるはずです。まるで自分だけが真っ暗な部屋に閉じ込められたように誰の声も届かない、勝手に心が貝のように閉じてしまう、今まで心から笑えたり、美味しいと思っていたものすべてが、突然無味乾燥になってしまう。そんな時、周りからの気遣いや慰めの言葉はかえって、自分をより深い暗闇へと追いやります。私にはそのような絶望を人生の中で何度か味わったことがあります。また、仕事柄そのような経験をしている人からアドバイスを求められたことが何度もあります。そんな時、私は「神という要素」の話をします。自分をそのような状態から救うことが出来る唯一の方法は、絶望的な状況の中でも私の心を潤し、命を生き返らせてくれる「心の水源」を作ることです。それが私にとっては「信仰」「祈り」「預言」というもので、「心の水源」なのです。なぜなら、そのような絶望的な状況、人知ではどうしようもできない時、唯一向き合える相手は神だからです。

私は27歳の時、突然弟を事故で亡くしました。その時のショックや悲しみは理屈などでは説明することの出来るものではありませんでした。その日、私は初めて両親が泣き崩れるのを目にし、自分自身に対する怒りが募りました。そしてその時、初めて神に対しての怒りも感じました。もし、自分が実家にいたら弟は死なずに済んだのではないのかと……。

私は、その時福岡で牧師をしていたのです。そのため、「もし、私が埼玉にいたらこのようなことに弟は巻き込まれなかったのでは……」と真剣に考えました。

私はその時に初めて、「心のコア」と「心の水源」を作る大切さを実感しました。自分はこれからの人生を自責の念と怒りで生きていくのか、それとも、天に召された弟の分も親孝行をし、自分の天命を全うするのか、正しい選択をするためには心に力が必要でした。

そんな時、神は私の心に弟は今パラダイスで幸せにしていて、私達が天に召された時に再会することが出来ると語ってくださいました。そこから私は正しい選択をする力を得て、両親を慰め信仰の話をしました。そうすることで私自身も救われたのだと思います。

それまで両親は私が信仰の話をするのを毛嫌いしていたのですが、葬式で父は皆の前で私がした信仰の話が両親の心を救ったと涙ながらに話してくれました。私の両親がクリスチャンになった訳ではありません。しかし、心の中で天国を、また神を信じる思いが私の両親の心を救いました。私達生きているものにとって、死は未知の世界で、ベールに包まれた神の領域なのです。

今まで作って来た心のコアに「信仰」という新たなコアを加えることで、死別などの絶望やトラウマに打ち勝つことが出来ます。人生で起こる「まさか」に対する恐れを超越する力が「心の水源」のコアの中にあります。

◇ステップ5：「心のコア」作りは木を植えること

さて、この言葉をご存知ですか？「桃栗三年柿八年」。コアを作るのにも、時間がかかります。私達は自己啓発的な考えとは違い、人の心は短期間で変わるとは思っていません。一時的に変わってもまた元に戻ってしまいます。人としての真の成長をするためには、心に雑草ではなくしっかりとした木を植えるのです。じっくりと育てれば、数年後には毎年しっかりとした実を結ぶようになります。

つまり、忍耐と水やりの継続力が、「心のコア」を完成させるステップ5です。

今、あなたの心がたとえ荒野のような状態であっても、少しずつ種を蒔き、水をやり、心に生える雑草を取り除き、しっかりと手入れをすれば、数年後には森のような緑豊かな心へと変えることが出来ます。私達ラボニコンサルティングは、地道に種を蒔くことによって、いつか世界が変わるのではないかという思いを持って人々の心と向き合っています。

言葉は実体のあるものです。人を癒す力もあれば、傷つけることも出来ます。40年前に私の心に蒔かれた聖書の言葉が、人生を大きく変え、今の私が存在しています。日本では言葉を言霊と言い表し、言葉には霊があると言われてきています。

イエスもこのように言われました。

「わたしがあなたがたに話した言葉は霊であり、また命である。」（ヨハネによる福音書第6章63節）。

真理の言葉や愛ある言葉には霊や命が宿っているのです。

皆さんは聖フランチェスコをご存知ですか？

もう、40年前の話ですが、世界的にヒットした『ブラザー・サン シスター・ムーン』という映画は実話に基づいた聖フランチェスコの半生を描いた、とても素晴らしい作品です。その中でもこの祈りが引用されていました。彼は平和と自然と清貧をこよなく愛し、神の被造物すべてに畏敬の念を持っていました。また、彼は動物と話が出来たという逸話もあります。

以下の詩は「聖フランチェスコの平和の祈り」として世界的に有名な祈りです。本当の作者は別にいるのですが、彼の生き方のコアを祈りにしたような言葉です。様々な翻訳を取り入れ、私なりの解釈をするとこのような内容です。

主よ、わたしをあなたの平和の使いとしてください
憎しみのある所に、愛を与えたまえ
傷のある所に、癒しを与えたまえ
争いのある所に、平和を与えたまえ
誤りのある所に、真実を与えたまえ
疑いのある所に、信仰を与えたまえ
絶望のある所に、希望を与えたまえ

暗闇のある所に、光を与えたまえ
悲しみのある所に、喜びを与えたまえ
主よ、慰められるよりも慰め、理解されるより理解し、愛されるよりも愛する
ことを求めさせてください
なぜならば、与えることで人は受け取り、許すことで人は許され、死ぬことで
人は永遠の命に生まれ変わるからです

素晴らしい祈りですね。この祈りはマザー・テレサやマーガレット・サッチャーら数多くの著名人から一般の人々まで、多くの人が今もなお様々な所で引用しています。

現在、世界ではテロや紛争が様々な所で起きています。また、先ほど触れたように、3つのパンドラの箱を人類は開けてしまいました。これ以上世界に災いが広がらないように、手遅れにならないうちにその箱を閉めることが出来るのでしょうか。今ネットの世界では中傷や批判が横行しています。世界は十分なほど暗闇を見てきました。

しかし、希望もあります。「聖フランチェスコの祈り」のように、時代を超えて

人々の心に種を蒔くことも出来るのです。世界には光が必要です。皆さんの心の光や愛の言葉を人々の心に蒔いてみてください。自分の心を癒し、力づけてくれる言葉、愛を与える真理の言葉を、あなたの心のコアになる言葉を探してみてください。それが真のコアになる言葉であれば、それを周りの人に謙虚に伝えてみてください。もし、あなたの人生が良い方に変われば、あなたの周りも自然と変わります。

すべての人が希望と愛を心に持てる世界に変わりますように。

第4章

神とのダイアローグ

預言とは何か？

神は無言を通しておられるという人がいますが、それは大きな勘違いです。神は人ではないので、基本的には電話や肉声で話して来られません。ですが、様々な方法で絶えず、すべての人や生物に語りかけながら見守っているのです。まるで、24時間絶え間なく様々な番組を電波で発しているテレビ・ラジオの基地局のようなものです。もし、私達が心の波長を合わせれば、誰にでもその声は届くでしょう。

第4章では、神とのコミュニケーションのあり方や私自身の経験、今までに貰った預言を書いていきたいと思います。

さて、多くの方が「預言」と「予言」が同じ発音のため、同じものと勘違いしてしまいがちなのですが、根本的には異なる意味になります。

まず「予言」ですが、「予」の意味は「前もって」になります。天気や災害または経済の動向、戦争の予測など、「未来について明言して伝えること」を予言と言います。この言葉の場合、神の啓示である必要はなく、その人の推測や研究データ、直感を基にするので、人間的な要素が多くなります。

では「預言」とはどういうものなのでしょうか？　それは「神の思いや意志を言葉で預かること」を指します。そして、預かった言葉を人々に伝える人が預言者になります。神から頂く預言は幅広く、個人の事柄から、世界レベルの問題まで、現在と未来における様々な啓示があります。

また、預言の意味合いについて使徒パウロはこのように語っています。

「しかし預言をする者は、人に語ってその徳を高め、彼を励まし、慰めるのである。」（コリント人への第一の手紙第14章3節）。

つまり預言の本質は、人の徳を高め、励まし、慰めるためにあり、預言は自分や周りの人を幸せにする力があるのです。時々、映画やアニメ、ドラマで見られる、主人公が何かに憑依されたトランス状態になり、霊的な存在が語るようなものは預言ではありません。

預言は知性を持って語られるべきで、使徒パウロはこのように言っています。

「(かつ、) 預言者の霊は預言者に服従するものである。」(第一コリント人への手紙第14章32節)。

私達は、自分達が貰う預言に責任を負います。もし、あなたが貰ったと思う預言が自分の意志に沿わない言葉や悪意を持って他人を蔑むものであれば、預言は止めなければならないし、するべきではありません。安易に責任のとれない言葉を発しないでください。預言は吟味されなければなりません。

預言は皆に与えられる

前述のように、預言は慎重な扱いが求められますが、それらを受けてきた預言者とはどのような人なのでしょうか。簡単に説明させてもらいます。

まず、皆さんも一度は聞いたことがあると思いますが、十戒を神から受け取った

「モーセ」。彼は、直接神とまみえながら言葉を頂いたと旧約聖書に記されています。

　また、第2章で言及をしたユダヤ人の先祖である「アブラハム」も偉大なる預言者であり、「信仰の父」と呼ばれています。そして、旧約聖書の中で三大預言者とされるのが「イザヤ」「エレミヤ」「エゼキエル」です。他にも人類の未来を預言した「ダニエル」、黙示録を書いた使徒「ヨハネ」もとても有名です。この預言者達は別格で、人類に対して影響を与えた預言をしました。因みに、キリスト教においてイエス・キリストは預言者から区別され、神の子であり、救世主になります。以上が代表的な預言者になります。

　しかし、聖書の中には、他にも多くの預言者もしくは預言や啓示を受けた人々がたくさんいて、預言は特別な人だけに与えられた訳ではないのです。使徒パウロは信者達に「**預言することを熱心に求めなさい。**」（**コリント人への第一の手紙第14章39節**）と言っています。つまり、もしあなたが神を信じ、御言葉《みことば》を学び、それに生きるのであれば、誰でも預言を貰える可能性があるということです。

私と神の対話

それでは、これから私がどのように預言を頂くようになったか、またどのような預言を受け取って来たかを話したいと思います。

私は洗礼を受けてから、預言に興味を持ちました。創造主の神と直接話が出来たら、何と素晴らしいことかと真剣に思いました。聖書で神は様々な人々に語っておられますし、私の先輩の中にも預言を貰っている人がいたので、預言を受けることは自然なことのように思いました。その時は恐れ多いなどといった気持ちではなく、子供のように単純に神の声を聴きたいと思ったのです。当時私はまだ15歳でした。

初めの数年は、預言をちゃんと受け取っていたか自信はありませんでした。本当に神が話しかけているのか、もしかしたら、自分の声なのかと不安に思ったこともありました。でも、当時の日記に自分が貰った預言を書き、自分で預言を検証し始めることで不安も消えていきました。

第一章で私が中国に行くまでの過程を説明しましたが、私が周囲の人に無理だと言われてもめげなかったのは、預言で神が励まし、導いてくれたからでした。そして、過酷で危険が伴う当時の中国で私が無事であったのも、預言の導きがあったからなのです。

私達の人生は、まるで大海原に船出するようなものです。あらゆる可能性があり、同時に危険性もあります。そして、海は目の前に無限であるかのように広がっていきます。そんな時に必ず役に立つのはコンパスと海図です。私にとって預言はコンパス、聖書は海図のようなものになります。そして、私が自分の人生の船長であり、神は無限に広がる大海原の創造主で、すべての海路や危険をご存じなのです。

それでは、この数年間私が神から貰った預言で、日記に書いてあったものを紹介したいと思います。これらの預言はあくまでも私が個人的に神から貰った預言です。そのため、今まで他の人に見せたことは無かったのですが、この本を読んでくださっている皆さんが預言を理解するヒントになるかもしれませんので、掲載いたします。預

言は毎日貰っているのですが、ここに載せるのは参考になりそうな預言だけを選びました

2009/06/28

この時期、年少の子供達が中学・高校生で、私の母が脳梗塞で入院していました。そんな慌ただしい時に私自身は自分に落胆していて、将来についての方向性が定まらず、弱気になっていた時でした。そんな時に頂いた預言です。

「皮には皮をもってします……分かるか？　それがサタンの攻撃方法だ。今あなたは肉の思いで物事を測ろうとしている。我が計画は壮大であり、且つ現実にいたり、あなたは我が喜びに満ち溢れるであろう！　さあ、目覚めなさい。わが子よ。時は来ているのだ。」

「主よ、私には未だに力がないです……」

「あなたは力がないと言ってはいけない！　さあ、立ち上がるのだ！」

この預言は、物理的なことや目に見えるものにとらわれていてはいけない、という意味です。もっと深い本質があるので、乗り越えた先には素晴らしいものが見えると伝えてくださったのです。

この預言の数ヵ月後、だんだんと方向性が見えてきました。

2010/01/26

当時すでに、コンサルタントとしてコーチング、セミナーを始めていました。

この預言の1年後には、今も一緒に働いている今井氏が秘書兼カウンセラーとしてラボニに加わってくれました。

「さて、目を覚ましなさい。心は熱しているが、肉体が弱いのである。心して、物事にあたりなさい。今のあなたの方向性は正しい、そのまま進んでいきなさい、しかし、目を覚ましていなさい。サタンがいつ、あなたを惑わすか分からないからである。秘書を雇うのは間違ってはいない。そのものはすぐに来るであろう。だから、真理と愛を人々に教えなさい。時は来ているのであるから。」

この頃、主は何度も目を覚ましなさいと言われていました。不安や現実に心が支配されることと恐れで、私の霊的な目が閉じてしまっていたのだと思います。

2010/03/09

「息子よ、間違った方向に行きかけてはならない。我が言葉が原点であり、力の源だからである。聖書の言葉を読めば、不思議と力やビジョンが湧いてくるようになる。あなたは常に原点を見つめなさい。あなたの心を清めるなら、何が正しいかが分かるはずだ。今は分岐点だ……。正しい道をとるか、自分の道をとるかだ。あなたはどうしたいのか？　信仰によって進むなら、あなたは預言の成就を見るようになる。しかし、そうでないなら、ただ取り残されるだけであろう。傷ついた心を癒しなさい、我れの元に来る事で癒される。今すべては整いつつあるのだが、これを生み出すための力があなたには未だ十分にない。」

この時自分が何に迷っていたのか正確には覚えていないのですが、何かに落胆し、傷つけられ、自分の進むべき道から逃げたいと思っていました。一人で思春期の子供達と向き合いながら、収入を安定させることに強くストレスを感じ、自律神経が大分乱れていたのだと思います。神のもとにいく代わりに、遊びや趣味に逃げていた時だと思います。そして、この次に貰った預言はもう少し厳しい口調でした。

2010/3/31

「見よ、すべてが新しくなったのである。あなたは私の声を聞いて、ここに来た。私はあなたが知らない時も、遊んでいた時も、諦めかけていた時も、コツコツと場を整えてきた。さて、2010年もいよいよ春を迎えた。私があなたに約束したものはどこにあるのか？　多くの祝福はどこなのか？　妥協して、預言の解釈が違ったのでと言い訳するのか？　あなたの信仰が足りないが故に、起るべき事柄が起きなかったのではないか？　そうであれば、人はどうでもいい！　あなたは今からどうするのか？

あなたは私が言った数々の約束が綺麗な宝石で、箱の中に取っておくべきものであると思うのか？　ある者はその価値が分からず、書きとめもしない。宝石は身に付けて使わなければ価値の無いものになってしまう。

あなたがたは皆、我が言葉を軽んじている。時が来れば成就するであろう我が言葉を信じ、それを学び、受け入れ、成長していきなさい。自己満足に陥り、祈りを忘れ、御言葉《みことば》を忘れるのであれば、手入れをされていない畑同様の結果をもたらすだけである。」

この預言の後、祈りの時間をしっかりと取るようにして、本来自分が進むべき道に戻れました。ここまで強い口調で預言を頂くのは稀ですが、その時の私にはとても大切な言葉でした。

さて、次は5年前日本について貰った預言です。これは個人的に貰ったものですが、悩んだ末、この本に載せようと思いました。これはあくまで私が貰った側面であり、神の日本への思いは他にも様々あります。

第4章
神とのダイアローグ

2012/3/11

これは日本国についての預言で、日本人の使命について神は述べられているのだと思います。

「あなたがたは特異の民である。自ら、この逆境の島を選び、根を張り、多くの年月を経て栄えるに至ったからである。

私は以前、この国の民を世界に対して平和の使いとした。しかし、栄と共に一部の人達が堕落し、本来の召しに背いて、自ら利を貪り、貧しき者達を軽んじた。それ故、かつての栄光は過ぎ去り、以前軽んじていた国が力と富を得、しかも、ある国は凶暴に振る舞い平和を求めてはいない。

人は試練を課せられた時に真に成長をし、命の尊さ、自然の尊さを学ぶ。しかし、今この国はチャンスが与えられながらも、それを生かさず、分裂し、国としての体を成さなくなっている。

しかし、私はあなたがたに言おう、あなたがたは私が選んだ民、この世界を知恵と慎ましさで導く使命を帯びた民である。だから、過去の栄光に生きてはいけない、私は新しいことをするからである。

あなたがたは今一度、一つの民にならなければならない。私はすでに、その機会を用意している。そして、私が与える、御言葉《みことば》と知恵、技術、慎ましさ、柔和さ、力強さを持ってことを進めなさい。そうすれば、障害が機動力に、攻撃が援護に代わるであろう。

日本は貧しき国々の中において、未だに希望である。彼らを失望させてはならない。」

次は1年後に貰った預言です。

2013/5/6

「あなたの準備は完了した。さあ、しっかりするのだ、あなたの環境は大きく変わり真の導きの内に留まるようになる、小さき一歩は大いなる一歩に繫がる。

驚いてはならない、あなたの投げたパンはいつか必ずあなたの元に帰ってくる。あなたは必ず多くの祝福を持ち、人を潤し、多くの者を養い育てる。それがあなたの天命であり、喜びとなるであろう。真理を求めてくるものを拒んではならない、寛容の心と労りの心を持って仕えなさい。そうすれば、人に仕える天使が来てあなたに仕えるであろう。

さあ、扉を開きなさい。真理の扉だ。人々はそれを開けようとせず、自らも入ろうとしない。さあ、躊躇せずに真理の扉を開きなさい。」

2013/7/18

「天分天命を知るのは決して難しいことではない。むしろ、それを受け入れることの方が難しい。父の御心《みこころ》は多くの場合、人の理解を大きく超えるからである。

さあ、我が知恵を求めなさい。悟り深きものは悟るようになり、謎を解く力を得るようになる。

ここに知恵が必要であり、悟りが必要である。
『ダビデのカギを持つ者』それは私であり、私は人々のカギを持つ。
あなたは未だ真に覚醒をしていない。時は来たり、準備は出来た。そして、今心の準備をし、祈りと共に感謝を神に捧げなさい。」

この2日後、母が天に召されました。母は亡くなる前の10年間に2度も脳梗塞を発症して、何度か生死をさまようも生還し、車いすと入院の生活を繰り返していました。最後、母が動かすことの出来たのは右腕だけでした。

母は常に優しく、私を愛してくれました。母の死は当然悲しいものでしたが、亡くなる1ヵ月前に母がこれ以上子供を産んではいけないと言ったことや、大学に行かなかったことを責めた過去のことなどを急に謝って来たのです。私は涙を流しながら、「お母さんの言葉は正しく、僕を愛していてくれたからなのは分かっている。でも、僕は後悔していないし、お母さんに感謝している」と伝えることが出来ました。そして、母と病院で抱き合いました。

葬式が終わり神戸に帰った時から、自分の人生も徐々に変わり始め、教える内容もより深いものになっていきました。その後少しして、名前を「ラボニコンサルティング」に改め、御影駅前に事務所を作りました。

イエスの肉声

私は55年の人生の中で、一度だけイエスの肉声を聴いたことがあります。もう、14年ぐらい前の話です。その時、私は子供部屋で子供達と寝ていました。

ある日の夜中、胸の辺りに激痛が走りました。その数年前、尿道結石を発症した時は寝ている家族を起こし、救急車で運ばれたものの、途中で結石が流れたことで病院にお世話にならずに帰ってきたことがありました。そのことを思い出し、ただ一人で痛みをこらえていました。その晩、刺身を食べていたので、今考えればアニサキスによる食中毒だったのかもしれません。痛みは夜明けまで続き、主イエスに祈りを捧げていました。とても辛く、凄く孤独に感じ、自分を情けなく思いました。

そして、周りが少しずつ明るくなって来た時でした。突然、優しく、力強い声で「私はあなたが日頃仕えているイエス・キリストである。私はあなたと共にいるから安心し、私のうちに安らぎなさい……」と言うのです。私は感動で涙が溢れ出てきました。その後の言葉は聞こえなくなりましたが、痛みはその声と共に無くなりました。

それ以前も以後もこのような体験はありません。主イエスが私のことを認知してくださっていたんだと知ることが、どんなに素晴らしいことであったかは言い表すことが難しいですが、生涯忘れられない経験でした。孤独で激痛に耐えながら眠れない時間を過ごす最悪の夜が、主イエスの声で人生最高の夜に変わったのです。神と神の言葉の力強さを知った瞬間でした。

友人の背中を押した預言

私の親友で、ニュージーランド人のRさんの話の続きをしたいと思います。

彼女のご主人は外資系の大手企業に勤めており、日本で支社長をしていて、何不自由のない生活をしていました。一方、彼女は兄弟達とニュージーランドで小さな3人ほどの土木の会社を経営していたのですが、経営状態は思わしくなく、続けられるかどうかの瀬戸際でした。彼女は大変兄弟思いで、兄弟達を助けたいという強い思いと信仰を持っていました。その時、私達は彼女の家に居候させて貰っていたので、よく一緒に祈っていました。

ある日、彼女がニュージーランドの会社について預言が欲しいと言ってきたので、私は主に祈りこのような預言を頂きました。

「この会社は大きくなりたくさんの家族を養うようになる、また、多くの若者達の人生に光を与え、導くようになる。小さな信仰ではなく大きな信仰を持ちなさい。」という内容でした。

それから、2年が経ち、この会社は徐々に軌道に乗っていきました。そんなある日彼らはご主人が勤めている会社を辞めるべきかどうかを、主に聞いてもらいたいと言ってきたのです。私は家族全員の人生に関わることだし、預言で決めるべきではないと伝えましたが、彼らはすでに何度も話し合い祈って辞めるという決心はついているが、最後の一押しが欲しいと言って来たので、神から貰った言葉を伝えました。

「あなたがた自身の信仰によって進んで行きなさい。恐れることは無い、私はあなたと共にいるし、あなたは新しい場所で多くの人を助けるであろう。」

初めの年は彼が会社を辞めたことで家族の収入は5分の1程度に減ってしまったとのことでした。しかし、10年経ったいまでは、彼らの会社は100人前後の従業員を抱え、今年念願の学校を設立することが出来ました。若者達を更生し、社会復帰をさせるための学校です。また、ヒップホップ音楽やダンスを通して地域の若者達を応援するイベント企画会社も運営し、荒海の中を今も一歩一歩進んでいます。

信仰の旅での奇跡

聖書にこのような言葉があります。

「あなたがたはわたしを尋ね求めて、わたしに会う。もしあなたがたが一心にわたしを尋ね求めるならば、わたしはあなたがたに会うと主は言われる。」（エレミヤ書第20章13・14節）。

もし、真剣に神に会いたいと思うなら、神は会ってくださり、私達に必要な答えを教えてくださいます。

もう、30年ぐらい前になりますが、アメリカからきた宣教師の家族の世話を頼まれたことがありました。日本滞在期間のうち4日間は宿泊施設に空きがないので、「信仰の旅」に連れて行って欲しいとの事でした。話を聞くと、子供達が5人いるので全員で7人、車が無いからヒッチハイクするということでした。幸いなことに、以前下呂市に行った際に現地で出来た友人がホテルを経営しているので、そこに泊めてもらえるという話でした。

私達は名古屋から8人でヒッチハイクを始め、大きな車を見つけては声をかけ、5台も乗り継いで下呂に到着しました。時刻はもう夜の12時でした。ところが、彼らが予め友人に連絡をしていなかったことが判明し、残念なことにその日は「下呂祭り」だったのでホテルは予約で埋まっており、他のホテルも同様でした。彼らはがっかりし、奥さんは泣き出してしまいました。

私は8人を乗せてくれる車を探し、早く下呂に着かないといけないというプレッシャーで事前に彼らに確認し忘れていたことを悔やみました。しかし、すぐに泊まる所を見つけなければならず、後悔している場合ではありませんでした。彼らを落ち着かせ、私達の軽率な行動で子供達を不安にさせてしまったことを神に懺悔して、皆で神の恵みのために必死に祈りました。

その時、神は明確にどうすべきかを示してくださいました。嘘のような話なのですが、「**橋を渡り、左側に見える一番初めの建物に行き、聞きなさい。**」という言葉を明確に頂いたのです。私は彼らの長男と一緒にその通りに行きました。私はその時初めて下呂に来たので、長い橋を渡りながらこの先に本当に建物があるのか不安でしたが、実際にあったのです。

そこは会社の保養所のような場所で、遅い時間でも若い男性が居て対応してくれました。私は事情を説明して、一晩泊めて貰えるかどうか聞きましたが、社員限定の施設なので無理だと言われてしまいました。でも、この方はとても優しい方で、姉がこの近くの大きな家に住んでいて、学校の英語の教師をしているから聞いてみると言い、すぐに電話をしてくれたのです。その方のお姉さんは私達をとても温かく迎えてくださり、4日間も泊めてくださいました。本当に天使のような人でした。

私達は、何度も自分達の準備不足で迷惑をかけてしまったことを謝り、なおかつ彼女に感謝をしました。私達は神に感謝を捧げ、滞在期間中は色々な人に神の恵みについて話をすることが出来ました。

本書刊行にあたっての預言

本書で預言について書くに当たり、聖書を読んだことが無く、預言についてあまり詳しくない一般の方々からよく耳にする質問について、神から預言を貰いました。ご紹介させていただきます。

質問

自分が生まれてきた意味も目的も分かりません。人はなんの目的もなく偶然、この世界に誕生し、そして死んでいくのでしょうか。

預言

「実は偶然というのはこの世界には無い、一見そう思えるが、それはあなたが平面だけを見ているからである。むしろ、人は自らの意志で目的を持ってこの世界に来ている。しかし、多くの人々がその記憶を忘れているのである。あなたの魂をもう少し深く知りなさい。表面に見えるものだけが人生ではない、むしろ、内面に隠れているものを見つけてごらん。答えはあなたの身近に用意されている。」

質問

昔から世界では、戦争が勃発したりテロが起こったり、罪のない子供達が不幸な境遇におかれたりということが多くあります。なぜ神は沈黙しているのですか。私達とこの世界を創造したのであれば、みなを救うことが出来るのではと思います。また、すべて知っていてなんでも出来る存在であれば、世界を創造する意味もないように思います。

預言

「私は存在し、また時を超えて、偏在する。あなたがたの次元から見ると点のように見えるものも、私の眼には深く複雑で結晶のように構成されているように見える。あなたがたはそのうちに様々のことを知るようになる。命の現れはそんなに単純なものではない。今は愛すること、信じることを学ぶ時だ。それが人として成長するための一歩なのだから。

あなたがた人類は今大きく逸脱している。お金や権力のゲームに没頭しすぎ、本来あるべき姿を見失ってしまった。しかし、まだ、時間はある。悔い改め舵を正すべき時が来ている。しかし、人生の決断はあなたがた一人ひとりに任されている。

あなたがたはまるで子供が先を急ぐように、自分達自身の自由と選択権を望んだのだよ。そのため私や天使達はあなたがたの意志を超えて動くことは出来ない。あなたがたを助けるためにはあなたがたがそれをまず、望み、信じることだ。

世界にはもっと様々な法則や力、エネルギーがある。しかし、あなたがたはそれを見ようともしないし、学ぼうともしない。目に見える物だけを信じるのではなく、心が見るものを信じてみなさい。そうすれば、愛が何なのか、命が何なのかが見えてくるであろう。」

質問

神様も私達と同様に悲しくなったり苦しくなったり、さみしくなったり、喜んだりすることはあるのでしょうか。感情ってあるのでしょうか。

預言

「私はあなたがたを創造した時に、私に似せてアダムとエバを創った。そして、魂に感情を持たせた。そして、それには様々な理由がある。私の中にも様々な感情がある。人々が傷つけあうのを見れば悲しくもなり、愛し合うのを見れば嬉しくもなる。また、不義が行われれば怒りもする。私はあなたがたの天の父である。だから、この瞬間も一人ひとりの人生と共にあり、喜びも悲しみも共有している。そしてもし、あなたが心から私を求めるのなら私はあなたに会うであろう。」

以上は質問に対して貰った預言です。少しでもあなたの人生の光になれたら幸いです。この世界には光と闇が存在しています。そして、私達が見ようとするならこの世界は実に神の光と愛で満ち溢れているのです。新約聖書のヨハネによる福音書第1章4～5節にこのような言葉があります。

「この言《ことば》に命があった。そしてこの命は人の光であった。光はやみの中に輝いている。そして、やみはこれに勝たなかった。」

この「言《ことば》」は神の言葉でそれ自体命を持った存在で、イエス・キリストを意味しています。そして、私達の光として身近に輝いているのです。神の預言や啓示もその光の一部です。

私はこの40年間様々な肩書で呼ばれてきました。「牧師」「預言者」「コンサルタント」「カウンセラー」「コーチ」「先生」などです。でも私は私でしかなく、神に仕えているただの人間です。そんな私にも神は語ってくださるのだから、聖書をしっかりと学び、時間をかけて信仰を自分のコアにするなら、あなたにも神は様々な形で語ってくださいます。それでは、神の言葉を聴くにはどうしたらいいかの説明を簡単にさせていただきます。

預言の受け取りかたとその準備

◇心を清い状態に保つ

心が清い状態でなければ預言は与えられません。イエスはこのように言われました。

「心の清い人たちはさいわいである。彼らは神をみるであろう。」（マタイによる福音書第5章8節）

もし、あなたの心に怒りや欲望、嫉妬などの思いがあると、神の声を聴くのが難しくなります。たとえそんな状態で預言を頂いても、その感情に影響を受け、汚れが入り込み、正しく聴くことは難しくなります。心を清めるためには新約聖書を読む、自然の草木と触れ合う、テレビやスマホのスイッチを切ることは有効です。もし、お腹が空いていたり、どうしてもやりたいことがあり、気になってしまうのなら先に済ませておいた方が良いでしょう。

◇神の愛を感じる

神を賛美し、感謝の気持ちを持つことは大切です。神を神として敬い、感謝の気持ちを伝えるのです。そうすれば神も喜ばれます。

受け取る対象者が自分であろうと他人であろうと、まずは神がどれほどその人を愛しているかを感じてください。神が愛であり、天の父であり、私達皆をどれほど愛しているかを受け入れた時に心が清められていきます。神の愛が言葉になってくるのが預言です。

それでは、準備が出来たら神に感謝の祈りを捧げ、神様の愛で満たされている自分をイメージしてみてください。ほとんどの預言は耳からは聞こえてきません。心の中から湧いてくる感じで、それが言葉になったり、ビジョンになったりするのです。もし、実際に声が聞こえてくるのなら、幻聴の疑いがあるので病院で検査を受けた方が良いかもしれません（笑）。

もちろん、例外はあります。預言者のモーセ・ダニエル・ヨハネらは、明らかに神や天使が直接語っていますが、本当に特別な啓示だったからだと思います。

預言を受け取る上でもう一つ重要なポイントをお話しいたします。

本質を掴むコツ――預言の吟味

さて、預言の本質は何だと思いますか？　それは人の徳を高めることと、天分を知ることです。人を批判したり、呪いの言葉をかけることは、神からの預言ではないので気をつけてください。神の声は私達の人生を豊かにし、励まし、素晴らしい未来へと導く言葉です。

まず、私は神が語られたことをノートに書きました。または録音をしました。それによって、自分や周りの人が貰った預言の吟味が出来ますし、その預言が後でどのように成就したか、語られた言葉に深みがあるかも検証することができます。

この時に重要なのは自分が預言を吟味しているという「自覚」です。預言を貰ったからといって舞い上がってはいけません。貰った言葉自体が本当に正しい預言であるかどうかは、しっかりと時間をかけてみなければ分かりません。私の場合は自分の貰った言葉を約10年かけて書き、かつ吟味して、預言と自分の言葉に分けました。その頃から素晴らしさを理解することが出来るようになりました。

また聖書では、預言についてこう書かれています。

「愛はいつまでも絶えることがない。しかし、預言はすたれ、異言はやみ、知識はすたれるであろう。なぜなら、わたしたちの知るところは一部分であり、預言するところも一部分にすぎない。」（コリント人への第一の手紙第13章8～9節）

つまり、預言の言葉は一部分しか伝えることが出来ません、ゆえに絶対的なものではないのです。

預言以外のコミュニケーション方法

神は預言でしか語られないのか？　それは違います。神は本当に様々な方法で私達に語りかけられています。それでは代表的な3つの方法の説明をして、本編を終わらせましょう。

◇1：夢による啓示

夢による啓示とは、神が夢を使ってメッセージをおくることです。もちろん、すべての夢が啓示ではありません。むしろ、ほとんどが自分の脳が作り出したものです。私の場合、眠りが浅いので毎晩夢を何回か見ますが、啓示の夢は年に1回あるかないかで、その他の夢は予知夢的です。

啓示が含まれた夢を見る時には、その夢の直後に目が覚めます。そして、覚えておかなければという強い思いが生じます。その様な時は、その夢の内容を書き留めると良いと思います。正夢になるかもしれませんし、比喩的な夢かもしれないので、後で意味が分かるかもしれません。

例えば直接的な夢の啓示ですと、現在の形のミシンを発明したエリアス・ハウ氏は夢で針の先に穴を作るというやり方を知り、翌日ミシンを完成させたことで有名です。聖書でも、天使が夢で人々に語られたりしています。有名なエピソードは、イエスの両親マリヤとヨセフが結婚をする前に、マリヤが聖霊によってイエスを身籠った時のものなどがあります。マリヤの妊娠を知り、不倫を疑ったヨセフが婚約を解消しようとした際、夢に天使が現れ、神の奇跡で身籠ったのだから安心して結婚しなさいと言われました。このことがあり、2人はめでたく幸せな家庭を築きました。

解き明かしが必要な夢も、しばしば聖書の中に出てきます。ユダヤ人の先祖のひとりヨセフはエジプトに奴隷として売られた後、エジプトのファラオの夢の解き明かしをしたことが認められ、エジプトの首相に任命されました。

ただ、夢にはまり過ぎるのは危険です。色々な霊的な存在が、あなたの夢に影響を与え始めると、夢占いのようになってしまい、自分が見た夢の解釈に支配されてしまうので気をつけて下さい。

ある友人が一度夢占いにはまり、肉食動物を夢で見ると大きな問題が来る前兆だと信じていました。そして、いつもそのようになっていたのです。そこで、私は夢が神からの警鐘であれば回避出来るはずなので、祈って悪いことが起こらないようにしようと言い、共に祈ると、悪い夢を見てもその通りには起こらなくなりました。

当たり前ですが、現実はとても大切です。現実の中に現れてこそ、真理や信仰なのです。そうでなければ、それは真理でも、信仰でもありません。

皆さんがよく使われる「運命の出会い」「偶然」「奇跡的」など、通常には起こりにくいことが起きたり、重なったりしたら、それは偶然や運命などではなく「神の導き」なのかもしれません。そんな時に大切なのは感謝と祈りです。なぜなら、人はすぐに奇跡に慣れてしまい、当たり前に感じてしまうのです。そうなると、せっかく与えられた奇跡を馴れ合いによって認識が出来なくなり、神がその現象を通して語られたいことが理解できなくなったりします。

人知では計り知れない出来事や、普段と流れが違う事が起きた時には「神が何かを語っているかもしれない」と思ってください。

◇2：他者の口を通して神が語る時

神は色々な人々の口を通して語る時があります。注意をしていないと逃してしまうことがあります。

これは他人の言葉に耳を傾ける練習にもなるので、ぜひ意識してほしいと思います。私は特に、自分と違う意見を言う人に耳を傾けます。正直、相手によっては腹が立つこともありますが、人の言葉を聞くことは大切な行為だと思います。なぜなら、事実や真理は多面体なので、自分が見えていない方向をその人は見ているのかもしれないからです。そして、子供達や若い人達の考えは、世間の常識や因習に囚われることが少ないので、興味深く、時に素晴らしいことを言うのです。

気をつけて聞いていると、相手はまったく違う話をしているのに、探していた答えを言ったりすることがあります。人々は無意識にではありますが、時に神が人々の口を通して語っている時があります。ですから、誰かが何かを話そうとする時には、取り敢えず耳を傾けてみてください。人は皆、霊的な存在で物質世界だけでなく、霊の世界とも繋がりがあります。これを読んでいる方の中でも、誰かと話している時に、言わされているような感覚を覚え、凄く良いことを言った経験はありませんか？　もし、その言葉が良い言葉なら神や天使があなたを通して語ったのかもしれません。

ヨハネによる福音書第11章49節にもこのような記述があります

「彼らのうちのひとりで、その年の大祭司であったカヤパが、彼らに言った、『あなたがたは、何もわかっていないし、ひとりの人が人民に代って死んで、全国民が滅びないようになるのがわたしたちにとって得だということを、考えてもいない。』

このことは彼が自分から言ったのではない。彼はこの年の大祭司であったので、預言をして、イエスが国民のために、ただ国民のためだけではなく、また散在している神の子らを一つに集めるために、死ぬことになっていると、言ったのである。」

この言葉はイエスを迫害していた大祭司カヤパが、議会でイエスの活動をどのように止めようかと話し合っている時に無意識のうちに出た預言の言葉でした。彼には、自分が預言したという認識はありませんでした。神はこのように色々な人の口を通して語ることが出来るのです。

言葉には不思議な力があり、神の世界と人間の社会の両方に存在するのです。人の口は人間の世界と霊の世界を繋げる媒介でもあります。

イエスは**「私が話した言葉は霊であり、命である」**と言われています。

◇3：良心の呵責もあなたへのメッセージ

この「良心」の存在について、科学ではまだ正確に解明出来ていませんが、神はすべての人の心の中に置かれておられます。「良心」の存在は、神の存在を証明しているものだと思います。人が嘘をつく時、裏切る時、他人を傷つける時に「良心」が痛みます。良心は神の一部であり、神の心が痛んでいるのだと思います。

しかし、気をつけなければいけないのは「良心」を無視すればするほど、良心は少なくなり、「悪心」が強くなり、嘘や犯罪を平気でするようになってしまうのです。つまり、サイコパス状態になってしまいます。悪心は徐々に力を増し、知らず知らずのうちに驚くほど心を支配して来るのです。ですから、神の領域である「良心」があなたの心に語りかける時に、無視するのではなくしっかりと耳を傾けてください。

おわりに

さて、私の話は以上となります。

神、信仰、コア作り、預言など興味を持っていただけたでしょうか？

私にとって本を書くことは初めてのことでしたので、読みづらいところが多々あったと思いますが、最後までお付き合いくださり、本当にありがとうございます。

皆さんに神様の祝福と導きがありますように祈っています。

この本を完成させるにあたり、たくさんの人の励ましや支えがありました。そのすべてに感謝いたします。そして、神の恵みがあったことも何よりも大きな喜びでした。長年の良き友であり理解者であるラッケル夫婦、執筆中、仕事や色々な面をカバーしてくれた今井夫婦、編集をして下さった現代書林の粟國氏と一冊の本にするために様々な面で関わってくださったスタッフの皆様、たくさんの励ましをくださった友人達、私の人生に足跡を残してくれた父、天に召された母と、兄、弟、大切な子供達、皆さん一人ひとりを思い、神様に感謝しています。

もし、私のコンサルティングやコーチングに興味を持ってくださいましたら、ぜひ一度ご連絡ください。あなたが困難や悩みを乗り越えるためのお手伝いが出来るかもしれません。

人生は神の愛と祝福で満ちています。たとえそう思えなくとも、また自分には十分なものが無いように感じても、人生の真の目的や意味は、成功や勝つことにあるのではなく、愛し、委ねることにあります。人の価値とはその人の容姿や財産にあるのではなく、その人の信念や信仰の強さにあるのです。常に周りに自分が何を提供できるかを考えてみてください。「神の扉」は皆さんの前に置かれています。

「求めよ、そうすれば、与えられるであろう。捜せ、そうすれば、見いだすであろう。門をたたけ、そうすれば、あけてもらえるであろう。」。（マタイによる福音書第7章7節）

祈りを込めて！

毛利英慈

毛利英慈（もうり・えいじ）

ラボニコンサルティング 創設者・代表
埼玉県生まれ。15歳の時に洗礼を受ける。その後すぐ、人に聖書を教え、神からの預言を受け始める。高校を卒業後、修行期間に入り、聖書、預言、古代ユダヤ史を学ぶ。

以降、心理学、宗教学、経営学、哲学、脳科学、英語、中国語、食事療法等を学ぶ。約30年前、中国に語学留学をし、大学で日本語を3年間教える。

帰国後は牧師をしながら、一時小規模なインターナショナルスクールを設立し、幼児も大人も対象とした国際的な人間教育に従事する。

阪神・淡路大震災の時にはボランティア団体を組織し、食料や物資等の配布、行方不明の外国人の安否調査を赤十字社から依頼される。

2005年にラボニコンサルティング（旧ライフコンサルタント）を設立し、本格的にコンサルティング、セミナー、コーチングを開始する。

これまでに約20ヵ国で約50,000人の方々を教え、同時に多くの方々から預言を求められる。

プライベートでは、7人の子供（男子4人、女子3人）のシングルファーザーとして主夫業も兼任。

今年（刊行時2017年）やっと一番下の息子が大学4年生になった。


ラボニコンサルティング公式HP　http://rabboniconsulting.jp/

神《かみ》の扉《とびら》をひらく

2017年12月18日　初版第 1 刷

著　者——————毛利英慈《もうりえいじ》

発行者——————坂本桂一

発行所——————現代書林
〒162-0053　東京都新宿区原町3-61　桂ビル
TEL／代表　03(3205)8384
振替00140-7-42905
http://www.gendaishorin.co.jp/

ブックデザイン———藤田美咲

印刷・製本　㈱シナノパブリッシングプレス
乱丁・落丁本はお取り替えいたします。

定価はカバーに
表示してあります。

ISBN978-4-7745-1674-5 C0016